目次

第一章　人権の周辺

第二章　それぞれの人生に

第一章　人権の周辺

一　全員一致

以前、映画は二本立てが普通だった。料金も封切り館から二番館、三番館になるにしたがい安くなる。小遣いの少ない学生時代はもっぱら三番館で楽しんだ。時には二本のうち目当てでない方の映画がいつまでも印象に残る。

――一九五〇年代のアメリカの田舎町。町中の住民が公民館に集まっている。やがて誰もが賛成する案が出て、議長が「反対はありませんね」と言うと、変なおじいさんが「反対！」と手を挙げた。皆がけげんな顔で見守る中、おじいさんはやおら立ち上がる。

「提案はよい。しかし全員一致はいかん。それはファッシズムだ。だから、わしが反対する」

そこで会場がどっとわく。――

映画の題名はおろか、あらすじさえ忘れてしまったが、この場面だけを妙に覚えている。これがアメリカの田舎でも普通の感覚なのかと感心した。

後に知ったことだが、一九五〇年前後のアメリカ（合衆国）は、米ソの冷戦を背景にマッカーシーの赤狩り旋風が吹き荒れていた。科学者や映画人さえも巻き込まれ、思想・表現の自由は危険な状況にあった、らしい。

それなら、その頃、連邦最高裁は思想・表現の自由を保障するために奮闘していたか。どうもそうではないようだ。多くの判決の中で、ブラックとダグラス両判事が思想・表現の自由のために少数意見を書いているからだ。

世論が赤狩りを認めているときに、言論・思想の自由のために論陣をはることは勇気がいる。表現の自由を保障することが民主主義を支えるのだという強い信念が必要だ。マッカーシーにアメリカの影を、ダグラス、ブラック判事らにアメリカの光を見る。時を経て、最高裁の少数意見は多数になっていく。

私が住んでいた地域の集会で、一人が強く反対したために結論が出ないことがあった。会議の後で、中学校の教員をしている役員が「あんなことを言っていたら、職員会議では相手にされなくなるよ」と吐き捨てるように言った。反対意見を言うこと自体がけしからんとの意味だった。

民主主義や表現の自由を学ぶ中学校の職員会議でさえ全員一致が尊ばれ、異端の意見は嫌われるらしい。現実の危険を伴わない限り自分が憎む意見を尊重するのが表現の自由の意味なのに、それを認めないなら民主主義の基盤はもろいと思った。一九七〇年代半ばのことである。

映画の変なおじいさんのジョークがこの国で通用するのはもっと先なのかもしれない。

二　一貫する意思

日曜の朝は、音楽を聞き、紅茶を飲みながらゆっくり新聞や雑誌を読む。いつもの出勤前のあわただしい拾い読みでなく、時に連想し、ふと我に返ってまた記事に戻る。このゆったりとした時間の流れが心地よい。共感したり、触発されるのもこういうときだ。

ところが、連想を楽しんでいる最中に、隣の部屋でガーガーと掃除機が音を立てる。形を作りかけたイメージがこなごなになって、掃除機に吸い込まれる思いだ。なにも日曜の朝から掃除をしなくともともとこぼすと、いや掃除をしないと気分が悪いとのたまう。

最近の日曜日には、週刊誌「ＡＥＲＡ」に載った団藤重光さんのインタビュー記事に触発された。その題は『終身刑』。

団藤さんは刑法・刑事訴訟法の学者で、東大教授から最高裁判事に転身した。各地の大学教授に門下生がおり、学会の重鎮であったと聞いている。私が読んだ刑法の教科書も団藤門下が書いたものだ。権威と秩序を重んじる人との印象を拭えなかった。

この偏見は、最高裁判事になって書かれた判決の少数意見を読んで払拭された。反論を承知でおおざっぱに言えば、判決の意見が分かれるのは人権を強調する裁判官と秩序維持を重んずる裁判官がいることによる。団藤さんは人権を重視する立場から次々と説得力ある少数意見を書いた。自由尊重への強い意思がうかがえる。

団藤さんの後任の最高裁判事には学者でなく行政官が座ったが、その人が人権擁護の立場から少数意見を書いたのを見たことがない。この人事から最高裁判所判事の任命のあり方に強く疑問を持ったほどである。

団藤さんは最高裁判事退官後、死刑廃止を訴えて、全国各地を講演してまわっているという。死刑廃止問題については、知っているつもりだった。死刑を認める立場は、殺された本人の無念や遺族の心情を思えば死刑もやむを得ないという。否定する説は、誤判で無罪と後から分かったとき、取り返しがつかないと主張する。いずれももっともだ。私は、死刑廃止が理想であるとしても、現段階では死刑があるために凶悪犯罪

恐縮ですが
切手を貼っ
てお出しく
ださい

112-0004

東京都文京区
後楽 2−23−12
(株) 文芸社
ご愛読者カード係行

書　名					
お買上 書店名	都道府県　　市区郡　　書店				
ふりがな お名前			明治 大正 昭和　年生　歳		
ふりがな ご住所	□□□-□□□□			性別 男・女	
お電話 番　号	（ブックサービスの際、必要）	ご職業			
お買い求めの動機 1. 書店店頭で見て　2. 当社の目録を見て　3. 人にすすめられて 4. 新聞広告、雑誌記事、書評を見て（新聞、雑誌名　　）					
上の質問に 1. と答えられた方の直接的な動機 1. タイトルにひかれた　2. 著者　3. 目次　4. カバーデザイン　5. 帯　6. その他					
ご講読新聞　　新聞	ご講読雑誌				

文芸社の本をお買い求めいただきありがとうございます。
この愛読者カードは今後の小社出版の企画およびイベント等の資料として役立たせていただきます。

本書についてのご意見、ご感想をお聞かせ下さい。
① 内容について

② カバー、タイトル、編集について

今後、出版する上でとりあげてほしいテーマを挙げて下さい。

最近読んでおもしろかった本をお聞かせ下さい。

お客様の研究成果やお考えを出版してみたいというお気持ちはありますか。
ある　ない　内容・テーマ（　　　　）

「ある」場合、弊社の担当者から出版のご案内が必要ですか。
希望する　希望しない

ご協力ありがとうございました。

〈ブックサービスのご案内〉
当社では、書籍の直接販売を料金着払いの宅急便サービスにて承っております。ご購入希望がございましたら下の欄に書名と冊数をお書きの上ご返送下さい。（送料１回380円）

ご注文書名	冊数	ご注文書名	冊数
	冊		冊
	冊		冊

が抑止されていることも否定できないから、廃止は時期尚早との立場だった。

週刊誌「ＡＥＲＡ」のインタビュー記事を読んで、ハッとした。

残忍な酒場のマダム殺しが、神父に会って真人間になった話を挙げて、「人間の人格形成は一生続くのであって、最後の最後まで希望を捨てることはできません」とあった。

死刑は人間の改悛する可能性を奪ってしまうから許されない。無期懲役では容易に出所するが、それができないように終身刑的に運用すれば応報感情も癒される、と続く。

そこには、団藤さんの人生観がはっきり表れている。そういえば、団藤さんは、犯罪者が犯罪を決意するような人格をつくったことに、その者に刑事責任を問う根拠があるとの立場だと聞いた。理論も生き方も一貫している。だから、死刑廃止を推進しようとするのだろう。

私がハッとしたのは「人間の人格形成は一生続くのであって」の一節である。これは私の人生観でもあるのだが、死刑問題を考えるにあたってそこに思い及ばなかった。犯罪をくり返す人々に拘置所で何度も会っていると、懲りないこの人達に本当の改悛があるのだろうかとため息をつくことが多い。その迷いに一撃を受けた。
しかし、新しい発見をしたような爽快な気分でもあった。
来週はもう少し早く起きることにしよう。

三 「見えない人」

英語の授業で、チェスタートンのブラウン神父が活躍するシリーズの一つ『みえない人』を読んだ。

殺人予告のため警戒中のホテルで、白昼堂々目的を達した犯人の逮捕に、ブラウン神父が協力する筋である。なぜ、厳戒中の警官達には堂々とホテルに入る犯人が見えなかったのか。警官や守衛は「怪しい人物」を注意していたため、毎日出入りする「怪しくない人物」である郵便配達夫を見逃した。現実に見ているのに、心理的に見えないことがある。作者の指摘に感心して今も記憶に残る。

最近、私も同じような経験をした。

通勤途上に雑木林がある。ある冬の朝、なにげなく椚の大木を見上げたら、冷たい空気を振るわせて澄んだ金属音の小鳥の鳴き声が響いた。次の日も別の小鳥のさえずりを聞いた。ずっと前から鳴いていたのだろうが、仕事のことを考えながら歩いていた私には聞こえなかった。

それからは耳をすまし、木を眺めることにした。春の雑木林は色とりどりの新緑が萌え、夏には葉が繁って緑の陰をつくる。黄葉や紅葉が輝いた後には、やがて裸木が寒空にくっきりと枝を伸ばす。四季折々の変化をながめるのは楽しい。

しだいに音にも関心が向くようになった。外国でのバス旅行の帰り道、騒がしかったガイドも客も疲れたか寝てしまった。運転手がかけたトランペットの軽快な音楽に乗って、バスは信号のない国立公園の道路を疾走する。音楽に身をゆだね、景色を見ながら過ぎてゆくときの心地よさ。

裁判では、相手方や証人に反対尋問するが成功するのはまれだ。尋問がヘタということもあるが、相手方の証人は十分打ち合わせをして証言台に立つから、崩すのは難しい。ぬけぬけと嘘をついているはずなのだが、それがあばけない。ふとんに入って、ふと、こう聞けば良かったと思い出し、寝つきが悪いことが度々ある。まれに、相手が出した証拠を調べていて、ふとその偽造に気づく。そうなると、その書面を逆に使って相手を沈黙させられる。そのときは爽快である。

高浜虚子は孫に俳句の手ほどきをして、「ダリヤをじっと見ていてごらん。だんだん赤くなってくるだろう」と教えたという。

見ようとしなければ、事実は見えてこないものらしい。

四　自己決定権

Aは手術が必要と言われて入院した。ただ「信仰上の理由で他人の血が混じるのは困るから、手術はいいが輸血はやめてほしい」と医師に伝えた。しかし、緊急事態になり、やむなく医師団は輸血して手術を成功させた。

手術はうまくいったから万々歳とはならなかった。Aは勝手に輸血されて苦痛を受けたと医師と国を相手どって慰謝料を請求した。

一審の東京地方裁判所はこの請求を認めなかった。人間の生命は尊いものであり、医師はその生命の維持のために最善の努力をするものだから、生命が危うくなる緊急事態になれば、仮に患者の同意なしに輸血しても違法とは言えない。一応、もっともである。

ところが、この事件の控訴審である東京高等裁判所は反対に請求を認めた。輸血は拒否するとハッキリ言っているのだから、もし輸血するなら患者の同意が必要だ。だから、ほかに救命手段がなければ輸血するという治療方針の説明をすべきだったのに、それを怠ったのは違法である。

これだけではどうして一審と逆になるのか分かりにくいが、判決は次のように述べる。「尊厳死を選択する自由を含めて、自己の人生のあり方は自らが決定するという自己決定権」があるから、同意を要するのだ、と。

私もこの高裁の判決に賛成である。自分の人生は自分で決めてきたつもりでいるし、終わりも自分で決めたい。残り少ない時間を、それまでに世話になった人々に感謝しながらしみじみと生きたいと思うからである。

この高裁判決は、一九九八年二月十日の朝刊の一面に紹介された。この新聞は問題の重要性を見すえている。

同じような問題が名古屋弁護士会に人権救済事件として持ち込まれた。愛知県のある高校では、生徒の自転車通学にヘルメットを義務づけ、違反した者には罰則を課しているが、これは人権侵害だから救済してもらいたいという。人権侵害として学校に勧告をするかどうかで、弁護士会内部の議論が分かれた。

生徒がケガをしないようにとの学校の親心だから、勧告などもってのほかである、と一方は言う。いや、すでに判断能力のある高校生の自己決定に委ねるべきもので、罰則つきで学校が介入するのは行き過ぎだ。人権救済の勧告をすべきで、いわば学校は余計なお節介をしている、と他方は言う。

ここでも私は自己決定権を重視すべきだとの主張に賛成した。結局、人権侵害だという意見が多数を占め、今年（一九九八年）三月に救済の勧告がなされた。

ただ、自己決定権を尊重することは、一方で自分で決定したことの結果の責任を取ることでもある。親心に甘える方が楽な高校生に自立と社会への責任を迫ることにもなる。

五　公平な試験

もともと頭が固いうえに、最近とみに理解力が衰えてきた。人の言うことも、どうしてそんな制度があるのかもよく分からないことも増えた。その一つが今の司法試験である。

試験は公平であると誰でも思う。まして国家試験であればなおさらである。ところが、裁判官や検事や弁護士になるための試験である司法試験は少し違う。三年くらい前から実施されている試験は、受験して三年以内の者が優遇されている。例えば、試験の成績が五〇一番の人が不合格で、五五〇番の人が合格することがある。これは公平でないとしか私には思えないが、そうでないらしいのだ。

およそ公平・平等と言っても例外が認められないわけではない。合理的な理由があればよい。例えば、妊婦に産前産後の休暇を与えることに不平を言う人はいない。

それなら、司法試験では優遇枠を設ける合理的理由があるのか。「若くて優秀な人」

を多く採用したいとの声が漏れ聞こえる。若い人を多く採用して、早くから検事、判事の経験を積ませれば、優秀な検事、判事ができる。一応もっともである。しかし、この優遇措置をしても合格者の平均年齢が一～二年若くなっただけだ。

私のようなあまのじゃくは、望ましい法曹の卵を選ぶにはもっと大事な基準があるじゃないか、とすぐ思いたがる。

裁判所案内の裏表紙には、右手に剣を持ち左手に秤を持った女神の像が載っている。検察庁の案内にも同じ像が載っていた記憶だ。剣は正義を、秤は英語ではバランスで公平を意味している。ちなみに、弁護士バッジはヒマワリの真ん中に秤で、ヒマワリは人権の意味だ。

つまり、裁判所も検察庁も弁護士会も正義と公平を理想として、その実現を目指している。それなら、正義と公平（そして人権）の実現に情熱を燃やす人を法曹とすることが司法試験の狙いでなければならない。若い人を優遇するのと何の関係があろうか、などと裁判所の玄関にあった案内書をパラパラめくりながら愚考する。

そのうえ（と最近は話もくどくなったが）公平が裁判の争点になったとき、公平でない試験で選ばれた裁判官は信念が揺らぐのではないか、と余計な心配までする。

優遇措置を取り入れた最近の司法試験は不公平で、たいした合理的理由もない。だから、すぐ元の公平な試験に戻すべきだ、と主張するのだが、検事・判事から賛成の声は聞こえてこない。どうも、今の制度がよいとする人達の真意がまだよく理解できていないせいらしい。

六　力量と志

弁護士になると先輩から「勝つべき事件は勝たねばならない。負けるべき事件は勝ってはならない」と諭される。

当たり前のようだが、実際に裁判にたずさわってみると、これが必ずしも容易ではない。例えば、本当に金を借りたなら返さねばならない。それが契約の意味だからだ。ところが相手は借りてないと言い出し、時には借りたが返したと反駁する。借用証書があると突きつけると、いや、署名は自分がしたのでない、と断言する。主張と反論、立証がくり返されて、挙句の果ては金を貸したのに返してもらえないことが起こりうる。それでは正義が貫かれないから、勝つべき事件は勝たねばならない。だが、勝てるかどうかは弁護士の力量と依頼者が有力な証拠を持っているかにかかる。

私は負けるべき事件は負けていると胸を張れるが、勝つべき事件もときどき負けているような気がする。

しかし、弁護士としての力量の有無にかかわらず、しかも結果の見通しが悲観的でも、裁判に踏み切ることがある。志の問題だ。

最近、各地で、損害賠償を求めて起こされている朝鮮女子勤労挺身隊の訴訟もその例だ。第二次大戦中に、植民地だった朝鮮からも国民学校（小学校）の女生徒が女子挺身隊として本土に連れてこられた。軍需工場で働くことも、空襲があることも知らず、女学校に行けると騙されて志願した者も多い。断った子の家には憲兵が押しかけたという。日本政府はアジアの国に謝罪するが、外国人個人にはごく例外を除いて補償をしていない。

この訴訟では、国家無答責で国は責任を負わない、時効で消滅している、立法の問題であるなどの越えなければならない法律上の困難が横たわっている。これまでの挺身隊の裁判では、国が立法しないことを違法とまで言った例はない。それでも被害者の救済と戦争責任の追求のために訴訟を起こしている。

それが何の役に立つかと批判される。現在の法制からは認められないと裁判所も概して冷淡だ。だが、中には志ある人々に呼応する誠実な裁判官がいる。そうして閉ざされた扉が少しずつ開いていく。

私などは、いつまでも弁護士としての力量もつかず、志ある人達の後からハァハァ息を切らしながらついていくのが精一杯である。

七　甘え

私が関わっている名誉棄損の裁判は、まだ始まったばかりだ。表現の自由とのかね合いが問題である。

本年（一九九九年）六月二二日に東京地裁で、柳美里氏の小説『石に泳ぐ魚』が、モデルとなった女性の名誉・プライバシーを侵害し、侮辱するものであるとして、損害賠償と小説の出版の差し止めを認める判決があった。柳美里氏の知名度と例のない小説の出版差し止めのためか、新聞は大きく扱った。

小説の愛読者であった私としては、なるべく作家を弁護したい。しかし、事実関係が裁判所の認定どおりなら判決は妥当である。小説では、女性の名前を変えただけで、病気、家族などの事実をほとんどそのまま使って赤裸々にしたという。小説の主人公がモデルの女性であると他の人が容易に分かるものなら、当人の名誉、プライバシー、名誉感情は害される。

小説家の表現の自由は尊重されなければならないが、具体的な他人の権利を侵害してまで認められない。作者はこの小説を書くと友人の女性がどれだけ傷つき、困惑するかの配慮を欠いていたと言えよう。

学生時代に苦い思い出がある。ある日、実験しようとしたら、きれいなフラスコがない。汚れたのを洗って乾かすには時間がかかるので、同級生の実験装置のフラスコをちょっと借りることにした。しばらくすると、当の本人がつかつかと私の前に来て、形相すさまじく「どうして勝手に使うのか、自分をバカにしてるのか」と激しく怒った。

汚れたのを洗って乾燥機に入れておけば、彼が来るまでに元どおりにできた。実験に夢中になってすっかり忘れていた。言い訳せずに謝るしかない。

彼は在日朝鮮人で、私に差別の気持ちは全くなかったが、偏見を持つ自分勝手なヤツと見られたのだろう。それ以後、ついに私とは打ち解けなかった。反省してみると、友人なら多少のことは許してくれると高をくくる甘えが私にあった。

柳美里氏はモデルとなった女性の了解を取るべきだった。文学賞を取る力量があるのだから、同じテーマを別な材料で書くのも容易なはずなのに、なぜ、彼女はそうしなかったか。事実をそのまま書いた方が小説に迫力が出ると思ったのかもしれない。だが、私はそれだけでない気がする。これくらいなら、友人だから許してくれるだろうとの甘えがあったのではないか。

先の同級生は、科学者になるために大学院に進んだが、望みを果たさないうちに数年で急逝した。もし、彼が学者になっておれば、昔そういうこともあったなと笑い話で終わったかもしれない。そうでないだけに、いつまでも苦い思い出のままである。

八　転勤命令

会社員に大阪から名古屋に転勤命令が出た。七十一歳の母親と二歳の幼児を抱えた妻を残して単身赴任に応じられないと断ったら、業務命令違反として解雇された。解雇の無効を争って最高裁までいったが、結局、会社員の言い分は認められなかった。最高裁（一九八六年）は「単身赴任は通常労働者が甘受すべきこと」だからと言う。

この判例は私の仲間にはすこぶる評判が悪い。社員の家庭の崩壊が予想されるとき、あえて単身赴任させて会社にどれだけの利益と必要があろうか、と言うのである。

年末に机の書類の山を整理していたら、労働事件にかかわった弁護士たちの報告集が出てきた。掃除をさぼってパラパラめくると、先の判例の事件の報告もある。

驚いたことに、この事件は最高裁判決で終わらず、さらに解雇から十八年かかって、裁判上の和解で職場復帰が認められて決着していた。解雇が有効なのになぜ職場復帰なのか。

化学会社の工場で大事故が起こった。事故原因を明らかにして、会社の安全体制を整えさせるべきだと主張するグループが労働組合で多数を占めた。会社はこれを嫌い、組合役員を次々と転勤させた。そういう中での転勤命令だった。

単身赴任以外に組合活動を理由にする不利益処分をしたことなどがあったので、最高裁はさらに審理すべしと高裁に一部差し戻した。

会社員は組合役員だったので、弁護団は不当労働行為の問題に持ち込んだ。それに、組合と協議を尽くしたことを証明する会社側の証拠に使われた用紙が、当時製造されていない用紙であったことを見破った。これが勝訴判決と同じような和解となった理由である。

多くの場合、単身赴任を断れば、仮に解雇されないとしても会社役員への道は閉ざされだろう。職場復帰しても、会社の中では冷やかな視線が待っている。それでも不当なことは許せないという人がいるからこそ弁護士も後に続く人に道をひらくことができる。しかし、それは原告になる人に辛い選択を迫ることでもある。

最高裁の判決は結果として、関係者に膨大な時間と費用とエネルギーを費やすことを強いることになった。その後の下級審では介護などの事情がある場合には転勤命令拒否による解雇は無効との判断も出ている。

老人介護の問題や教育問題が背景にあるが、単身赴任は通常労働者が甘受すべきことなのかどうか、再検討される時期ではなかろうか。

九　当番弁護士日誌から

被疑者から弁護士に会いたいと弁護士会に照会があると、一回だけ無料で面会して、被疑者の権利を説明する。弁護士の当番制になっているので当番弁護士という。同名のテレビドラマで知られるようになったが、ドラマのように活躍するのはまれだ。

（その一）

寝苦しい夏がようやく終わろうとしていた。当番弁護士として警察署で会った男の容疑は放火である。小柄でやせた五十歳の独身男は挨拶もそこそこに、事件のことを早口で話し始めた。頭髪はぼさぼさで無精ひげをはやし顔色もさえない。

放火したのではないと勢い込んでしゃべろうとするので、ときどき言葉に詰まる。落ち着かせて聞くと、こういうことだった。

あまり暑いので狭いアパートから出て、酒を飲んで隣の公園のベンチで寝た。酔いが引いて夜中に目が覚める。アパートに帰り、あがりかまちに座って一服つけて、マッチを土間に捨てた。うとうとしていて、気がつくと土間の新聞紙から燃え移った火が壁の腰板に燃え移っている。驚いて「火事だ！」と叫んで飛び出した。

つまり放火でなくて失火だという。しかし警察は、仕事もなく先行き何の張り合いもないので悲観して自殺しようとしたのだと断定する。木造アパートには他に住人もいるから、火をつけようとしたなら現住建造物放火罪で、「死刑又は無期懲役若しくは五年以上の懲役」と刑も重い。失火罪なら罰金で終わる。

カメラを持って現場に行った。窓の下には消火で水浸しになったふとんが捨ててあり、入口の近くに燃えかすが山になっていた。男が言うように土間近くの床や柱がとくによく燃えている。二間の部屋にはタンスをはじめ何もかもススで真っ黒だ。

早速、担当検事に内容証明郵便で手紙を書いた。被疑者はこう言っているが、言い分は現状と合っている。慎重に取り調べられたい。内容証明郵便で出すのは、裁判となれば、これを証拠として放火を争うという決意を示したのである。

勾留期間の限度である二十日目に、検事に起訴するのか釈放するのかを聞くと、略式起訴で十万円の罰金にしたと言った。「本人には弁護士さんにお礼を言うようにいっておきました」と付け加えた。検事が失火とした見識に敬意を表し、心配りに感謝した。だが、かの男からは何の連絡もない。

考えてみれば、当然だ。失業中の男はその日の食事にも困っていた。放火罪なら、懲役刑の執行猶予付きで釈放されても、あるいは刑務所に行ったとしても、罰金を払うことはない。失火罪だったために罰金を払わなければならなくなった。どうして弁護士に感謝できよう。だが、弁護人としてはするだけのことはしたのだ。

事件が終わったときには、鰯雲が空に浮かび、さわやかな風が肌に優しくなっていた。

（その二）

十一月の雨が降る小寒い日だった。

当番弁護士として会った被疑者は二十二歳の男だった。顔色もよく、身なりもさっぱりしていて、若者には珍しくきちんと挨拶をした。

夜、友と盛り場で遊んでいると、いいアルバイトをしないかと誘われた。仕事を辞めて遊んでいたので飛びついたら、シンナー密売だった。こんなことをいつまでもしているわけにいかないから辞めたいと言うと、殴られて辞めさせてもらえない。背後に組織があった。

説明しながら、ときどき目頭を手でぬぐった。やったことは認めているので、逮捕され勾留されているみじめさが無念だったのだろう。

起訴されれば、国の費用で弁護士がつく。起訴前にすることは保釈だが、保証金がいる。両親はすでになく、嫁いだ姉に頼れないし、まして自分の預金などない。それなら弁護士も起訴までに励ますことしかすることがないから、国選弁護で十分だと説明した。それでも頼みたいと目に涙を浮かべる。それほど言うのならと引き受けることにした。最初は扶助協会の援助を受け、起訴されたら国選弁護に切り換える。

二・三日面会に行かないと、「会いたいと言っています」と警察から電話がかかる。他の仕事があって、そう再々来られないのだとぶつぶつ言いながら、夜の七時過ぎに面会に通った。会ってみるとたいした理由はない。それでも再々会っているうちに親しくなり、事件の反省まで話がすすんだ。

どんな取調べを受けているか聞くと、オートバイを仲間と一緒に盗んだ罪を自白している。執行猶予はまちがいない事件と思ったが、予断を許さなくなった。

取調べの刑事に、オートバイ窃盗で黙秘していたら殴られたと訴えた。私が警察署長宛に郵便で抗議すると、上司が青年に謝罪に来たうえ、取調べの担当刑事が替わった。裁判では執行猶予付きの判決となって釈放された。すでにコートが必要な季節になっていた。

数日後、彼は事務所に一人で挨拶に来た。国選弁護で執行猶予になっても、礼を言いに来た者はいない。何回も面会して話をしたので、親近感がわいたのかもしれない。予想外のことに嬉しくなり、「辛いことがあってもなんとか辛抱して頑張ってほしい」と励ました。本心からそう思ったのだ。「ハイ」と元気な返事をして帰って行った。

三年ほど経ったある日、彼から会いたいと電報が来た。場所も知らせず電報で連絡してくるのは拘置所しかない。

「どうしたんだ」。だいぶ大人びた顔になっていたが、きまり悪げに話し始めた。執行猶予になってから塗装業を始めた。あるとき、昔のオートバイ窃盗の仲間にばったり会って、勧められるままに覚せい剤に手を出してしまった。裁判では実刑判決、つまり刑務所行きだ。

「控訴して、執行猶予になる可能性はあるでしょうか」。これが電報の用事だった。
拘置所の外は冷たい風が吹いていた。もう冬だ。転んだら、また起き上がればいい。

一〇　「徒労に賭ける」

知人から「専門は刑事か民事か」とよく聞かれる。私の知る限りでは、東京に「刑事専門だ」と言った弁護士が一人いただけで、たいていは両方とも扱う。私の場合は八割くらいが民事事件だ。ところが、いざ事例を書くとなると、印象の強い刑事事件（少年事件を含む）が多くなってしまう。

未成年者が犯罪行為をした場合に少年法に従って処理されるのを少年事件という。成人の刑事事件では、裁判所で弁護士による弁護人を付けることが憲法で保障されているが、少年事件では家庭裁判所で付添人（弁護人）が付くこともあるが必須ではない。少年の更生をはかるもので刑事処分でない、が理由だ。

少年は十六歳で、仕事も辞めて恋人の女子高校生と野宿同様にして夏の日々を過ごすうち、キーの付いた他人の自動車を無断で乗りまわして運転中逮捕された。窃盗事件である。

当番弁護士として最初に警察署で会ったときは、小柄で童顔の中学一年に思えた。面会中ほとんどうつむき、質問には、顔にかかった長髪の間から上目づかいで「はい」とか「うん」と返事するだけで、前途多難を思わせた。

警察署から少年鑑別所に移されても、彼は相変わらずだった。うつむいてまともに私を見ないし、返事も同じだった。三回目の面会でイライラしてつい声を荒げた。「もし君が何もしゃべらないなら、事実かどうか、反省しているかも審判官（裁判官）には伝わらない。それで処分が決まるのは不本意だろう。今度までによく考えておくように」と言って席を立った。

次に少年鑑別所で面会したときは、少年は前回までと見違えるように、顔を上げて私の質問にテキパキと答えた。私は嬉しくなり、「よし、それでいい。やればできるじゃないか」と少し興奮して少年を励まし、自分の人生観も話して、奮起を促した。両親と相談して今後の仕事先も確保した。

審判の結果は予想どおりで、鑑別所に戻らず、少年は母親と一緒に帰宅した。当初のおどおどした態度はなくなって晴々とした顔をしていた。

ところが、次の年の夏、少年の父親からまた窃盗事件を起こしたと連絡があった。事件の記録を家庭裁判所で読むと、前回より悪質になっている。言い訳は二度と通じない。前回の私の付添人活動は何だったのかと気落ちした。

山本周五郎の『赤ひげ診療譚』で、小石川診療所の医師「赤ひげ」はこう言う。〈医術などはなさけないもので、生命力の強いものに多少の助力をするだけだ〉〈徒労のように見えながら、それを持続し積み重ねることによって効果の現れる仕事もある。おれは徒労に見える診療所の仕事に自分を賭ける〉

付添人の活動も、少年の心に何も残さず、徒労かもしれない。それでも依頼があれば、またやろうと思う。

二　刑事弁護の失敗

刑事弁護では、被告人は拘束されているから判決を長引かせるわけにはいかない。そのため弁護に必要な時間も限られるので、弁護人も緊張を強いられることになる。そのうえ、短時間に被告人と信頼関係を築くのが難しい。

同僚の弁護士から依頼されたのは、覚せい剤使用で逮捕された三十五歳の男の弁護である。まだ若いのに、数人の従業員を使って建築関係の仕事をしていた。五年前も覚せい剤使用で懲役一年執行猶予三年の判決を受けている。執行猶予期間は経過しているから、再犯といっても当然に刑務所に行くわけではないが、同じ犯罪の再犯だから、もう一度執行猶予を受けるのは難しい。

弁護の中心は被告人が本心から反省していることを裁判官に納得させることにあると考えた。「法廷では厳しくやるよ」と被告人の納得を得た、はずだった。法廷では、覚せい剤に頼らざるをえなかった厳しい仕事の状況を証言させるとともに、前の裁判で、二度と覚せい剤に近づかないという「誓い」を破った被告人を叱って反省を迫った。

判決当日は、私も緊張した。結果は再度の執行猶予が付き、私は満足して法廷を出た。ところが、被告人の家族や従業員の態度はよそよそしい。後日、事務所に来た本人も何もしなかった同僚弁護士にはお礼の挨拶をしたが、私には軽く会釈したにとどまった。お礼を言ってもらいたい訳ではないが、その態度にいささかムッとした。

ある日、新聞の片隅に、アメリカの弁護士が日本の法廷を見学した感想が載っていた。読んで苦笑した。刑事弁護で弁護人が被告人を叱っているのを見たが、自分の依頼した弁護人から叱られることはアメリカでは考えられないという。

執行猶予付きの判決を得て釈放という目的を達しても、被告人とその家族が素直に喜んでくれなければ、弁護は成功とは言えない。しかし、犯行を自白している事件では、いかに刑を少なくするかだけではなく、その犯罪行為をしたことに対する倫理的な反省に触れずに終わっていいのかという思いも残る。

私の失敗は被告人を法廷で叱ったことでなく、被告人らとの信頼関係を築けなかったことにある。

この事件以来、私は、被告人や家族と十分に面会できる時間が取れなければ、刑事事件を引き受けるべきではないと慎重になったし、法廷で被告人を叱ることもやめた。

一二　ふるさとの海

私のふるさとは小さな島である。海岸のいたるところに枝ぶりのいい松が生えていた。海の色も波の大きさも季節と天候によって変わる。秋口になって透明度が増した深い青緑色が今も好きだ。波がくり返し岩場に打ち寄せるのをいつまでも飽きずに眺めた。

夏には毎日のように海岸で遊んだ。引き潮の後にできる潮だまりで、小エビや小魚や小ガニが沢山とれ、獲物は天ぷらになった。家の側溝にいた赤手ガニは夏に盛んに脱皮し、これをニャアラと言って、海釣りの餌にした。

夏休み直前にはテングサ取りの解禁があった。村中の人がいっせいに潜って取り、乾燥させて寒天の原料に売るのである。当日、子どもの私は、テングサとりを横目に魚とりだった。海草の多い所に群がるベラを釣るのだ。まず水深二～三メートルの所を水中眼鏡で海中を見る。魚を見つけると釣糸をたらす。なるべく大きなのの前に餌を持っていくのだが、いきなりは食いつかない。小さなベラや皮ハギが群がって餌をつつくうちに、何事かと大きいのが近づいてきてぱくつく。泳ぎながら、しかも、息を止めて海中を見ているから、早く魚が食いついてくれないと苦しいし、体が冷える。岩場に戻って餌をつけ替えたり、こうら干しをして体を温めたりと忙しい。それでも一匹でも釣れるとすっかり夢中になる。「また、釣れたよ」と、近くでテングサをとっている兄に何回も誇らしげに見せた。

夜は、四畳半ほどの涼み台にござを敷いて、飯台を囲んで八人家族が食事をする。天井は星空で、天の川もくっきり見えた。庭に打ち水をして、日中の熱気を追いやると、海からの風が吹いてきて涼しい。昼に釣った魚が晩ご飯のおかずになった。

数十年後に潜ってみると、海の中は全く様変わりしている。豊かだった海草は少なくなり、緑の藻だけがひらひらと揺らいでいた。あれほど沢山いた潮だまりの小魚や小エビえびも姿がなく、側溝から赤手ガニも消えた。

農薬や殺虫剤で虫や小鳥の姿が見られなくなることを警告したカーソンの『沈黙の春』を思った。村人は昔は漁獲が多かったと嘆くばかりである。観光客はおいしい魚が少ないと不平を言う。島には工場はないから、家庭から出る排水や農薬に原因がありそうだ。美しい豊かな海と便利な生活との調和が求められている。

一三　犯罪の被害者

なぜ弁護士は凶悪犯人の弁護をするのか、としばしば聞かれる。言外に、依頼されると何でもするという非難が込められている。

「何人も資格のある弁護人によって弁護される権利」が憲法で保障されており、この保障があるから、あなた自身が身に覚えのないことで逮捕・起訴されても弁護人に依頼する権利が認められる。あなた自身のためでもあると説明する。質問した人は「ふーん」と言うが、納得した顔をしない。

とはいっても、現実には凶悪犯の弁護をすすんで引き受ける弁護士は少ない（大阪に変な弁護士がいたが）。そこで、自ずと凶悪犯には国選弁護人が付くことになる。とくに私のような怠け者は、国選弁護人を引き受けるときも重大事件は敬遠しがちだ。むしろ犯罪の被害者に同情してしまうからだ。

同僚の弁護士から頼まれて一緒に弁護した強姦事件は、被害者も犯人も高校生だった。少年鑑別所で会ってみると、スポーツ・クラブに入っているという少年は、悪びれた様子もなく質問にはきはきと答える。警察で作られた調書に出てくる、震えている少女を脅し、しつこく行為した犯人と同一人とはとても思えなかった。

事件の数日前に朝日新聞に『性暴力を考える』が連載された。被害を受けた女性が数十年経っても当時のことを夢に見て真夜中に飛び起きるなどの事例が書かれていた。精神的苦痛の根深さを知る。

弁護人（付添人）として被害者の親に謝罪の手紙を書いた。新聞記事を引用した後、「お嬢さんが受けた苦痛と将来にわたって続く男性不信をどのように癒すことができるのか、そのことを考えると犯人がしたことの罪深さに暗たんたる思いがします。ただ救いは、お嬢さんが泣き寝入りせずに屈辱に耐えて警察の取調べに応じられた強さを持っておられることです。私たちは、お嬢さんが将来、立派に活躍されるのをどこかで応援したい気持ちでいっぱいです」と書いた。

父親からの返事には「娘の告訴を犯人が逆恨みすることを心配している」「貴殿の手紙を娘が読んで声を出して泣いた」とあった。

依頼者である少年の両親を呼んで、慰謝料を払うことを納得させたうえ、被害者の親に弁償の用意があるから連絡してほしいと通知した。

数カ月経つが、未だに何の連絡もない。犯人の逆恨みを心配しているのか、苦痛をお金で片づけられたくないという意思なのか、彼女は元気に通学しているだろうか、などとあれこれ考えている。

一四　交通事故と親

同じ頃、二つの損害賠償の相談を受けた。いずれも被害者は二十四歳で、交通事故死だった。

一方の親Aは、長く営業活動をしていると言い、てきぱきと要領よく質問した。事故は住宅街の四つ角で起こった。通勤中のAの息子のバイクと商店に向かう店員の二トントラックとの出会い頭の衝突である。

「納得がいかんのですわ」

損害保険会社が示した賠償額が息子の命の値段としては安すぎる。息子に過失があったといって削られる割合が大きいし、生きていたら生涯に得られたはずの収入（逸失利益）が少ない、と言う。

Aは相談に来る前に、事故現場に何回も足を運び、当日の朝に犬を散歩させていた人を見つけ、剪定を始めていた植木職人にも話を聞いている。警察官にも、救急車の乗務員にも会っていた。

　Aに背中を押されるように、私も現場、勤め先、警察署に行った。実際に二トントラックを現場で走らせてみたりもした。スリップ痕からトラックの衝突時の速度も専門家に計算してもらい、制限速度違反を主張した。店員の過失が大きければ、それだけAの息子の過失割合が小さくなる。

「事故にあったときは婚約中で、結婚後の新居を建築中でした。一人息子で、両親も一緒に住めるように設計したと言ってくれた、親思いの子でした」。

　元気なAが法廷で声を詰まらせた。執念の行動の理由が分かる気がした。

　一審の判決はAの考えていた額には遠かった。控訴審では、再び行った勤め先で逸失利益についての有益な資料を手に入れた。結果は賠償額が一審のほぼ倍になった。

「まあ、これなら納得がゆきます」

　Aの長い顔がゆるんだ。

　もう一人の親Bは工員だったが、腰を痛めて内臓も患い、退職して現在、無職だと言った。離婚後、死んだ次男と二人暮らしで、長男とは折り合いが悪いようだった。

病気のせいか、Bは口が重く動作も緩慢だった。私がうながしてようやく、息子の元の勤め先や現場に来た。あるときは、弁護士に頼んだことで長男とけんかになり、腰を蹴られたといって苦笑して現れた。弁護士に頼むことも家庭争議のもとになるのだ。

大手の食品会社に勤めていた息子は、オートバイで帰宅途中、道路の中央からパチンコ店の駐車場に入ろうと左折した四輪駆動車と接触して転倒した。

一審で和解して決着した。和解の席で、最初の提示だから、ねばれば額が上がる余地があると助言した。

「それでいいです」

Bは恬淡《てぃたん》としていた。

損害賠償事件が解決してからも愛知県にいたAの妻には会っていないが、Bの元妻は茨城県から挨拶に来た。この元妻が望まれて再婚したことは会ってすぐ分かった。美人のうえ謙虚なのである。

Bは酒好きのうえ、仲の良かった息子が亡くなり、美人の妻とも離婚しているから、賠償金が酒代に消えてしまう日もそう遠くないかもしれない。コップ一杯のビールで酔っぱらってしまう私に、Bはお礼だといって外国産のブランデーやウイスキーを五本もくれた。せっかくの好意だから香りだけでも楽しもうかと思いつつ、そのままになっている。

これで弁護士としての仕事は終わりである。だが、賠償額がどんなに多くても、子を失った親の悲しみは簡単には癒えない。刑事事件としては業務上過失致死罪で、特別悪質でなければ、裁判にならずに罰金で終わる。その軽い処罰が被害者の遺族にうっくつした気持を残す。カウンセラーの話では夫婦の一方が息子の死を深く悲しむと、他方はしらけて夫婦間に亀裂が入り、やがて離婚にいたる例が少なくないという。

通常の法律業務のほかに、犯罪被害者や遺族に弁護士が協力できることがあるか、弁護士会で検討が始まったばかりである。

（最近、犯罪被害者保護の立法が議論されるようになった）

一五　裁判と常識

裁判は一般の常識に合っていなければならない。そうでなければ当事者は納得しないし、その判決は今後の基準となりえないからだ。ところが、現実はそう単純ではない。

H弁護士が国選弁護人として選んだ事件は業務上過失致傷で、高裁に控訴されていた。

控訴したのは五十歳過ぎのダンプカーの運転手。彼は毎日、砂利を運んで同じ道を何回も通っていた。だから、どの交差点を青信号で通ってどれだけの速度で走れば、次の交差点も青信号で走られるかよく知っていた。

当日もダンプは交差点にいつもどおりの速度で入った。そのとき、交差する道路から乗用車が勢いよくダンプの横腹に衝突して大破した。運転していた若者は大ケガである。

ダンプの運転手は青信号で交差点に入ったから、自分には過失はない。だから一審の罰金五万円の有罪判決は納得できない、と言いはった。

Ｈ弁護士は一審の記録の写しを取り寄せた。読んでみると、この事故では友達同士の三人の女子高校生が事故を目撃している。しかし三人の証言が食い違う。どの証言を取るかでダンプが青で交差点に入ったかどうかが分れる。一審は道路の東側を通った二人の証言を採って、被告人は赤信号で交差点に入ったから過失があり有罪とした。

Ｈ弁護士は、数日悩んだ末、信号の時間の計算や他の証拠から西側を通った他の一人の証言が正しいと裏づけた。だからダンプは青信号で交差点に入ったことになるから過失はないと弁論した。そして、信号が青になってから、交差する道路を赤信号で走ってくるような車はいないと信頼してよいはずだ（「信頼の原則」）と付け加えた。

無罪の可能性がある。判決言い渡しの当日、Ｈ弁護士は久し振りに試験発表のような胸の高鳴りを覚えた。

判決は控訴棄却。被告人の言い分は認められなかった。理由はこうである。確かに被告人は本件交差点に青信号で入った可能性がある。しかし、たとえ青に変わった直後だったとしても、交差点に時速四〇キロで突入するのは危険極まりなく、過失責任はまぬがれない。

被告人は憮然とした顔で「法律は分からない」と一言。あらぬ方向を見ていて、H弁護士が判決の説明をするのを聞いていなかった。

この判決は常識に合っているのか。現在の交通事情はこの判決を常識としているのか。

これによると、たとえ青信号になっても、交差する道路から赤信号で無謀にも突っこんでくる車に気をつけて運転しなければならないことになる。運転者は他の者が交通法規を守ると信頼して運転すればよいはずだ。

男が肩を落として帰るのを見送るとき、H弁護士の胸中を「信頼の原則」の弁護が足りなかったのではないかという思いがよぎった。

一六　春を待つ人

約束場所の集会所には梅の香がただよっていた。六十五歳の女性はすでに待っていた。

彼女は名古屋で起こした公害訴訟の原告の一人である。裁判所に提出する陳述書を作るために弁護団の一人である私が会って事情を聞くためだった。陳述書には病気になった経緯や症状を書いて、裁判で本人尋問のときに使う。

彼女は小柄で血色がよく、この人が病気であるとは信じられないほどだった。薬を飲み、ぜんそく発作止めの吸入をしてきたと言った。

彼女は「敗戦後間もなくの頃は、名古屋港に流れる川の岸でも貝や小魚、小エビがよく採れました」と話し始めた。

「ところが、しだいに工場が港近くに立ち並び、煙突からはもくもくと黒い煙を出すようになりました。昭和四十年代になると悪臭がして、洗濯物は真っ黄色になるし、煤煙で家の中までざらざらしました。風邪を引いても治りにくくなり、夜中にぜんそく発作が起こって、救急車で何度も病院に行きました。その度に、もう死ぬのかと思いました。この苦しみは経験した者でないと分からないと思います」

早くに夫を亡くし、女手で子供三人を育てるために必死で働いたが、育て上げた息子が「まっ黒な痰が流しにこびりついて汚いといって怒るのです」と苦笑した。

保健所に、悪臭を出している会社があると通報したら、仕事先がその会社の子会社だったために、上司から退職を迫られたこともあると淡々と語った。別れ際に「冬は痰の切れが悪くて苦しいから、春が待ち遠しいのです」といって微笑んだ。

その後、私は八十七歳から十四歳までの七人の患者に会って陳述書を作り、それぞれ尋問した。八十七歳の女性は話をしている間中、ヒューヒューとのどが鳴り、ぜんそく発作も起きて聞き取りを中断し、何回も会うことになった。病院で点滴をしながら尋問（臨床尋問）したが、それでもせきと痰が出て休憩しながら続けねばならなかった。

遠方の話ではない。この名古屋市の南部地域で、工場と自動車の排気ガスを原因とすると思われる気管支ぜんそく、慢性気管支炎で苦しんでいる人が、今も数百人はいるのである。亡くなった人も少なくない。

平成十一年十一月一日に十年七ヵ月かかった第一次原告の裁判が結審した。

一七　セク・ハラ

最近、日本でもセクシュアル・ハラスメント（性的人権侵害）の裁判例をよく目にするようになった。私も関わることになる。

女子社員の歓迎会の後で、上司が酔った彼女を一人暮らしのアパートに送って行った。寝巻に着替えさせるときに猥褻行為に及んだ、と彼女は言う。女性の要求は厳しかった。会社を辞めろ、会社の関連会社に就職するな、辞めるまでは職場で顔を合わせるな。この要求が入れられなければ刑事告訴すると言う。

依頼者である定年間近の上司は、歓迎会の日までは職場で親しく話していたから、話せば分かると繰り返した。相手の要求内容と相手方の弁護士の話から、本人が話せば解決する事態ではないと何度も説得した。なぜ彼女がそんなに怒ったかが彼には理解できなかったのだ。犯罪になる場合は論外だが、通常は男と女の感じ方の差にセク・ハラ問題の根本原因があると思う。

女のヌードポスターや、性的な話題、身体の一部に触れることなどについて女性が嫌悪することが、男にはよく分らない。男は「軽い気持ち」や冗談や親密の情を示したにすぎないのに、女性には男の欲望がギラついてるように思えるらしい。だが、女性でも恋の対象として関心を持たれることは嫌ではないはずだ。この区別が男には難しい。


小柄でぽっちゃりとした三十半ばの女性が母親と一緒に法律相談に来た。弁護士が男だったせいか、もじもじしている。母親に促されてようやく話し出した。再婚したばかりだが、夫が箸の上げ下ろしから全てを命令し、夜も例外ではない。ほとほと嫌になり実家に逃げ帰った。離婚できるでしょうかと聞く。

夫婦のことで、どこから違法の問題が生ずるかの限界は難しい。ただ、このケースでもそうだが、自己中心的なバカな男は多い。かくいう私も若いときは同類だった。今では多少はましになったと思っているのだが。「情けは人のためならず」、相手の気持ちを慮《おもんぱか》って、尽くすことは、まわりまわって自分のためであると悟ることに解決の道がある。

セク・ハラは、女性が何が嫌かを発言するようになって裁判になり、職場で取り上げられるようになった。その先は、女性が何を望むかを発言するようになるだろう。それを男が受け入れるときに、男女の本当の平等が実現するのかもしれない。

一八　研究の規制

科学技術会議（科学技術庁）の小委員会がクローン人間などを作ることを法律で規制する方向を固めた（朝日新聞99・7・29）。報道の扱いは小さかったが、これに関して研究者の実態を思い出す。

大学四年生になると、卒業論文用の実験が午後から夜遅くまで連日続いた。おかげで教授の研究も間近で見られた。最新の研究発表が載る外国雑誌に目を通し、実験に実験を重ねる。まさに先陣争いの世界だ。

ここでは、成果が社会にどう影響するかを考える暇があれば、ひらめいたアイデアを確かめることに使う。規制がないと、悪魔的な研究にも突き進む危険と隣合わせだ。

悪魔的研究の最たるものは、原子爆弾の研究と言えるだろう。アメリカの原爆製造の科学者側の責任者はオッペンハイマーで、親しくなったソ連の女性スパイに原爆の情報をもらしたとのうわさが残る。赤狩りのマッカーシーの委員会は、彼をソ連人と親密だったことで喚問した。

科学者というのは、すでに何の疑いのない自然法則にさえ疑問を持ち、それに果敢に挑戦しようとする人達だ。だからこそ、新たな成果を生み出す。その意味で、科学者の活動はもともと革新的と言える。

オッペンハイマーが、近づいてきたソ連の女性に親近感を持ったのは、魅力的であったこと以外にも革新的とされていた国の出身だったことにあろう。そうならば、マッカーシー委員会は、間接的にせよ、科学者の本質を非難していることになるのではないか。政治家や法律が科学者の考え方そのものに介入すれば、科学の発展を妨げることになる。オッペンハイマー事件に漠然と抱いた不安は、今回の科学技術会議の方針につながる。

もっとも、保守政党を応援する科学者は少なくないから、不安は杞憂かもしれない。ただ、国が多くの研究費を支出するようになると、口も出すことになりがちだ。政治が科学者の考え方に介入してはならないことに変わりはない。

科学研究には自主性が欠かせないなら、悪魔的研究の一つであるクローン人間の問題も、科学技術庁でなく、科学者が自分たちで規制すべきなのだ。しかし、学術会議をはじめ、学者の団体からの発言が一般の人には聞こえてこない。

一九　戦争への坂道

中学時代の同級生の父親には戦死した人が少なくない。そのために級友らは率先して母親の農作業を手伝い、欠かせない労働力となった。学校の成績が良くても高校進学を断念した。

年老いた親たちは息子の戦死を認めず、どこかに生きていて必ず帰ってくると信じようとしていた。

ある友人の祖父は、息子が帰って来たら、漁船を新造して一緒に漁師をやるんだと、繰り返し孫に話したという。だが、生活ぶりから、漁船新造が無理なことは子どもにも明らかだった。その話を聞いた悪童たちは私も含め何も言わなかった。子どもにも親の切なさが分かるような気がしたからだ。

もう一人の友人の祖母は、どこかの新興宗教から手に入れたという小さな箱を取り出し、これを振って音がすると、息子はシベリヤのどこかで生きていると言われたといって、コトコト鳴らし、私たち子どもに微笑むのだった。

しかし、私の田舎では、戦死公報がきた後で復員して来た人はいない。

結婚前で戦死した人の母親は、息子の学生時代の写真を示しながら、「この子は耳が目の線より上にあって、こういう子は頭がよくて出世すると言われた」と誰かれなく話した。


政府や軍部だけが戦争を起こしたというわけではなく、軍部が独走する前に、一般国民が「これくらいなら」と許した段階があったはずだ。それを越えると、勢いよく坂を転げ落ちていき、もはや誰もそれを止められなくなる。だから、坂の上で、戦争への歯車が勢いづく前に止めなければならない。

その時が今かも知れないと思うことがときどきある。しかし、いつの間にか過ぎていく。

二〇　理想と見識

就職して数年たった頃、私はこのまま会社員を続けるか迷っていた。このまま営利企業である会社に同調していけるかが問題だった。

会社の運動会が終わった後、むしょうに映画が見たくなった。たまたま見た映画に感銘し、二回続けて五時間館内にいた。映画の題名は「ニュールンベルク裁判」。ドイツの裁判官の戦争責任がテーマである。

――裁判が終わり、帰国前に連合国の裁判官がドイツの裁判官を拘置所に訪れる。ドイツ裁判官「確かに私はナチスの圧力に屈して断種が適法との裁判をした。しかし、断じて私は大量虐殺を知らない」

連合国裁判官「そうかもしれない。しかし、圧力に屈して断種を適法とする裁判をしたときからアウシュビッツは始まったのだ」――

何に感銘を受けたのか分からない。数日間、映画を反すうしていた。裁判官には法的な素養だけでなく、勇気や倫理など人格に関わる何かも要求されるらしい。それ以前には想像さえしなかったことだ。

その頃に読んだ鵜飼信成著『憲法と裁判官』も同じ問題を扱っているように思えた。「われわれの自由が正しく保護されるかは、一人一人の裁判官が高い理想と優れた見識と鋭い論理をもった人格者であるかどうかにかかっている」

高い理想と優れた見識を持って、自由権のために奮闘した最高裁裁判官がわが国にもいた。その一人が真野毅判事である。尊属殺訴訟やチャタレイ訴訟で少数意見を書いて、多数意見から日本古来からの道徳を心得ない輩と罵倒された。だが、後に最高裁自身が刑法の尊属殺を普通殺人より重く処罰するのは平等原則に反して違憲だと判例を変更し、今では「チャタレイ夫人の恋人」をわいせつ文書と考える人はほとんどいない。真野裁判官の主張どおりになっている。

先の映画を見てから数年後、私は法律を勉強してみようかと思い立った。この映画や本の影響かもしれない。何度も失敗してようやく弁護士になったのは、ずっと後になってからである。

二一　鮭の尾

尾を断つは頭おとすよりはおそろしく日高銀毛の鮭に真むかふ

――栗木京子『中庭』

俵万智の随筆集『かすみ草のおねえさん』に紹介されている。解説によると、生命（頭おとす）より、自由を奪う（尾を断つ）ほうが恐ろしい意だと言う。作者は医者の夫と子供に囲まれて幸せそうだ。それでも尽きない自由への渇望を、手に持った包丁の刃がキラリと光るように印象鮮やかに歌う。

求める自由とは具体的には何だろうと詮索するのはヤボだろう。職業病の一種かもしれないが、自由とか権利とか言われると、すぐ法律では何を指すのかと考えてしまう。彼女の自由とは束縛を受けないことそのものであるとすると、法律では「人身の自由」になろうか。あるいはもっと何かをする自由を言っているのかもしれない。

「人身の自由」とは、人の身体が肉体的にも精神的にも拘束を受けないことで、個人の尊厳に欠かせない価値がある、と教科書に書かれている。

人身の自由を法律で制限されているのが囚人で、刑が決まって刑務所にいる者や裁判のために拘置所にいる者などだ。この人たちから弁護士会の人権擁護委員会へ、人権を侵害されているので救済してもらいたいとの要望が最近とくに多い。委員となった当初は、犯罪を犯した粗暴な連中だから多少規律が厳しくても、看守が手荒でもやむをえないのではないか、と思っていた。しかし、あまり申立てが頻繁なので、あるいは施設のほうにも問題があるのではないかと疑うようになった。看守が理不尽にも手を殴る、足を蹴る。薬が欲しいと数回言ったら、反抗的だと懲罰で十五日の独居室入り。きちょう面なカナクギ流で、淡々と、時には怒りを込めて訴える。

囚人といえども刑罰の目的を越えて、人間の尊厳を否定するように扱われてはならない。自尊心が踏みにじられてよいわけはない。

施設側にも言い分はあろう。そもそも事実関係が違う、あるいは秩序維持のためにはやむをえないと。

これから委員が手分けして、訴えが事実かどうか、施設側の意見も聞いて調査することになっている。そのうえで、必要なら弁護士会として刑務所や拘置所に要望や勧告をすることになろう。

『中庭』（パティオ）の歌人の自由と囚人の自由とは同一には論じられないとの意見があろう。だが、自由への望みはどちらが大きく、より切実かを比較することはできない。命よりも自由が奪われるのは恐ろしいと叫びたい人は、「中庭」に集う人だけでなく意外に多いのだろう。その自由をどのように保障するかが問題である。

二三　訴訟社会

司法改革が議論されている。どうしたらもっと弁護士や裁判所が利用しやすくなるか。弁護士会も数年前から議論しており、規制緩和の勢いに押されて内閣直属の「司法制度改革審議会」も設置された。

最近読んだ藤原昌彦著『父の威厳　数学者の意地』の「訴訟を恐れる社会」は司法改革に係わる。本全体はユーモアがあって楽しく読めるが、この文章は訴訟に関わる一人としては少々つっかえる。

――息子の通っている小学校では最近、健康管理に神経を尖らすようになったが、これは訴訟を恐れるためだ。アメリカは訴訟社会になっているが、日本はアメリカのもっとも恥ずべき部分を模倣しようとしていないか。訴訟の蔓延は人間不信を助長し、自由な言動や行動を束縛し、やがて社会を窒息させる。日本には古くからきめ細かな情緒があり、恥の意識もあるから、訴訟やそれに対する過剰防衛を抑制すべきだ――

著者の主張は、もっと安く早く訴訟ができるようにするにはどうしたらよいかの議論の方向と反対である。紛争は当事者がお互いに譲歩して解決できれば、それにこしたことはない。しかし、一般に訴訟を抑制してきめ細かい情緒や恥の意識で紛争を解決すべきだとの主張であれば、賛成できない。責任を認めない公害問題や、過失の割合が争われる交通事故など利害が鋭く対立する場面では、きめ細かい情緒ではなんともならない。訴訟ではじめて解決できるからである。

著者は子息の修学旅行に学校が検便をすることに憤慨し、事故を恐れて過剰に防衛していると批判する。私も学校が少し反応しすぎるように思える。といって、学校事故を全て「本質的に自己責任あるいは確率的不運にすぎぬ」と言い切るのも賛成できない。運動会の騎馬戦で、生徒がケガをして半身不随になった。不運にすぎないから費用は全て自分で負担せよと言い切れるだろうか。この事例で最近、裁判所は学校側（県）に損害賠償を支払へと判決した。損害の公平な分担が制度の趣旨だから、判決に賛成したい。

藤原さんの意見に同意するところもある。弁護士を増やし、弁護士以外にも訴訟代理権を与えると、訴訟は利用しやすくなろう。しかし、その反面、訴訟が「蔓延」する「訴訟社会」になるおそれがある。救急車に乗って訴訟を促す弁護士も現れかねない。

私の高齢の依頼者は、自ら訴訟に踏み切ったのだが、それでも本人尋問の日はもちろん和解の日の前日でも緊張して眠られないとこぼしていた。理不尽にも訴えを起こされた人の受ける精神的負担は想像以上であろう。

これまでは弁護士は変な訴訟をそれなりに抑えてきた、と思っている。改革の後では「訴訟の蔓延」にどのように歯止めをかけるかが問題になろう。弁護士は道義や社会正義をもみ極めて訴訟をするかどうかを決めるべきだ。そういう弁護士の心構えとして藤原さんの提案を受けとめたい。

司法改革は予想される弊害を視野に入れて議論されるのが望ましい。

第二章　それぞれの人生に

一　夏の西日

三十年前の夏も暑かった。夏休み前、理科の教員免許のために、近くの中学校に教育実習に行っていた。

教育実習が終わるにあたって、担当したクラスで何か話してほしいと担任の先生に頼まれた。

翌日、最初に私が教壇に立つことになった。ポケットからメモを取り出すと、あちこちでクスクス笑う。メモを読み上げると思ったらしい。前日に何度も訂正し、繰り返し反すうしてあるから読む必要はなく、気持ちを落ち着かせるためだった。

ラジオで感動した新聞配達の少年のことを話した。インタビューで「将来、何になるつもりか」と聞かれて、「何になってもよいから、母親を楽にさせたい」と答えたのだ。親孝行ということでなく他人のために生きるという生き方がすばらしいと話すと、生徒たちは真剣な表情で聞いてくれた。

夏休みに入って、例年のように伯父の会社の工場で手伝いをした。暑い西日が差す帰り道、下宿の近くで新聞配達をしている少年に会った。教育実習で担当したクラスの一人で、見覚えがある。少年は私に気づかないふうに路地を曲がって行った。担当したクラスの中に新聞配達の少年がいたことは知らなかった。私の話は彼にどのように聞こえたのだろうか。夏の西日に当たると、いつも思い出すことである。

二　マイナスがプラスに変わるとき

アニメ映画『おもいでぽろぽろ』で、小学五年生の「私」が算数のテストで二十五点を取る。母は嘆き、姉は「この子、（頭が）変だよ」とバカにする。だが、「私」はめげずに紙にりんごの絵を描き、「四分の一を三分の一で割るということは……」と考え続ける。

算数も分数や虚数が関わると、なかなか納得できない。マイナスを積み重ねてもマイナスにしかならないが、マイナスをマイナスで掛けたり、割ったりするとプラスになる。そういうことになっているらしい。それなら、人生にもマイナスがプラスに変わることがあるだろうか。

友人Sはこの転化を認める。他の学生がとても優秀に思え、にきび面であることも加えて劣等感にさいなまれた。これをどうにかしないと勉強に身が入らない。悩みが尽きないのは、自分に「人生いかに生きるべきか」が決まっていないからに違いない。

そう考えて本を読みあさった結果、気持ちにぴったりした人生論に出会った。生きる目的は人間的な成長（人格の完成）にあるとする理想主義だった。

悩んであれこれ考えて数年が過ぎた頃、劣等感にとらわれていない自分に気づいた。時が熟するのを忍耐強く待ちながら、人間的な成長をしようと努め続ける。そうすると、マイナスとしか思えなかったことのおかげで、成長というプラスを得たという。

マイナスからプラスへの転化を一般の事実のように証明することはできない。ただ、ある事実に信頼して生活することができることが証明ならば、Sには証明されている。

この転化の効用は、どんな不幸や不運に逢っても、やがては前向きに進む勇気が出てくることにある。

算数でマイナスがプラスになる場合があるのは、人生にも通じる真理なのだろうか。『おもいでぽろぽろ』の「私」と一緒に考え続けることにしよう。

ひどい目にあひたりしかど年経つつその恩恵を思ふことあり

―佐藤志満『小庭』

三　ある法律相談

Q　結納も済み、指輪も交換し、結婚式場も予約したのに、理由なく相手方から婚約を破棄されました。損害賠償を請求できますか。

A　婚約とは当事者同士が将来結婚することの約束で、指輪を交換したり、結納が取り交わされていれば、婚約が成立していることは問題ありません。従って、通常の夫婦生活を送ることが相当困難であるという特段の事情（たとえば、婚約者に重大な病気がある場合とか、事故で半身不随になったとか、性格異常者と判定された場合など）がない限り、一方的に婚約を破棄することは違法で損害賠償の対象になります。損害賠償としては結婚準備でかかった費用や慰謝料を請求できます。また相手が合理的理由もないのに一方的に婚約を破棄してきたときは結納金や婚約指輪も返す必要はありません。

どうしても相手があきらめ切れないときは家庭裁判所に婚約の履行を求める調停を

申し立てる方法がありますが、成立はあまり見込めません。相手方が同意しなければ調停は成立せず、いったん婚約破棄を言い出した男が前言をひるがえすのは稀だからです。

これはある法律相談で現実にあったことです。女性は青白い顔をして母親と一緒に相談に来ました。右に書いたのが、私の回答ですが、ほんとうは次のように話したいと思いました。

結婚式を予約しながら理由もなく婚約を破棄するような不誠実な男であると、結婚前に分かったのはむしろ幸いでした。もちろん慰謝料を含む損害賠償を請求することは当然です。しかし、もっと重要なのは、この事件からあなたが何を得るかです。失敗といえども失うものだけでなく、得るものもあります。相手を恨んでいるだけでは何も得られない、と。

しかし、ショックを受けている人に、この辛い経験もまた将来プラスになるだろうと言っても理解されにくいでしょうし、そもそも法律相談の範囲を超えているので、法律の回答のほかは黙っていました。

四　失恋のすすめ

当然のことながら、失恋には恋が先行する。人はまず外形に惹《ひ》かれる。だから美人は得だ、とは必ずしも言えない。外形だけに惹かれる男どもが集まるからだ。そもそも、美形は親の形見であって、四十歳を過ぎればあらかた無くなってしまう。

学生時代、先生が多くの女学生に「きれいになりたかったら、百円の化粧品でなく単行本を買いなさい」と語った。当時、岩波新書が百円で岩波文庫は星一つが五十円だった。この言を信じて実行した人がどれだけいただろうか。

何かに感動する感性を持った人もすばらしい。その感性が人をひきつけるのだ。ある歌人の写真を見ると、顔の造作がややアンバランスと言えなくもない。しかし、彼女に恋する人は多いに違いない。ごく最近の写真を見ると、以前より一段と魅力的な顔になった。

テーマ音楽と夜景とラストシーンで有名な映画『第三の男』では、正義に目覚める優男よりも、金のためには子どもらが死ぬのも意に介しない精力的な男にひかれる女性が登場する。

要するに、恋は相手に優れたものを見ることから始まる。やがて相手を理想化して、その理想像に恋するようになる。そうなると相手との関係がちぐはぐし、失恋への道が大きく開かれることになる。

失恋の当初は失うものばかりで、得るものは何もない、としか思えない。しかし、遠く離れて年月も経つと、失恋も違った様相を呈してくる。そもそも相手がいたために、気分が高揚して情熱を燃やす一時期を持てたのだ。そのことに感謝するようになる。そのうえ、この世には能力とか努力では如何ともしがたいものが存在することを厳しく教えてくれる。さらに失敗によって初めて人は他人に優しくなれることを知る。失恋をすすめるゆえんである。

ただ、失恋と言っても「彼女にふられた、じゃあ次のを探そう」という程度のことを言っているのではない。ぼんやりして、何日も学校や職場に来たくないと思うような失恋のことである。失敗が大きければ大きいほど、その人を生まれ変わらせる力もまた強いと思うからである。

五　においは淡く

においを嗅ぐ能力には個人差がある。視力や聴力と同じだと思っていたが、確信できるテレビを見た。汚水をいくつかの過程を経て処理していくと、どぶ臭さがしだいに薄くなるが、最後まで嗅ぎ分けられる処理場の職員が一人いたのである。

困ったことに、この「嗅力」に個人差があることに気がつかない人がいる。電車で通勤中、化粧品のにおいふんぷんの女性と隣合わせた。ラッシュアワーで身動きできない。嗅ぎたくないので息を止めると、当然のことながら息苦しくなって、一層強くにおいを吸い込んだ。

あるとき、女性の随筆を読んでいて驚いた。「気分がくさくさしたときは、香水を浴びるほどかけて街に出よう」とあった。〈浴びるなら（家を）出るな、出るなら浴びるな〉と交通標語のようなことをつぶやいた。香水も桜、梅、バラの花の香りのように、ほのかに漂ってこそ心地よい。

「嗅力」が強いと記憶の中にも香りが残る。ふるさとの家の庭に大きなキンモクセイの木があった。学校から腹を空かして帰ると、ちょうど母がふかしたさつま芋ができている。キンモクセイの香る縁側で、ほくほくのをふーふー言いながら食べたのが懐かしい。だが、キンモクセイもあまり多いと興ざめだ。今住んでいる街には軒並みキンモクセイが香り、そのうえ自宅にまで植えてある。

ところが、外からのにおいには敏感でも、自分の口臭が分からない。わざわざ顔の間近で話す友がいて、「君は口臭がある」と言った。それなら離れて話せと思ったが、以後、口臭を意識せざるをえなくなった。

仕事がら人と話をする機会が多い。口臭の強いのは年配の男性が多く、中には二メートルの机をはさんで話しても鼻をつまみたくなる人もいる。相手の口臭を感じると、自分もあわてて仁丹を噛む。会うごとに仁丹を口に含むと、最後には気持ちが悪くなる。

自分の口臭が分からないなら、「嗅力」に個人差があると力んでも、なんということもない。においは淡くだ。他人に迷惑にならないように香りを楽しむことにしよう。

六　おふくろの味

身内を自慢するのは気が引けるが、おふくろが作った野菜の煮物、煮魚、焼魚や吸い物は格別にうまかった。子供の頃はそれが当たり前と思っていたが、後に食べた会席料理と比べても遜色がない。むかし名古屋で花嫁修行をしたと聞いたから、そのときに料理も習ったのかもしれない。もっとも、料理は作る人の味覚によるから、もともと舌もよかったのだろう。

久し振りに会った長兄が「おふくろが作ってくれたお焦げのおにぎりは絶品だったなぁ」と話題にした。私はもちろん大きくうなずいた。お焦げといってもきつね色になって釜に付いた御飯である。こそげ取って、塩を付けた手に取り、梅干しを中に入れて形よくにぎる。腹を空かした小学生には実にうまかった。今はおふくろもおらず、かまども釜もなく、そのうえ腹を減らした小学生も大きくなったから、もう二度と味わえない。

これもおふくろの味だろうが、貝鍋で作る「貝味噌」が私の好物だ。料亭の会席料理も最初は感嘆するが、次に食べるとさほどではないし、まして毎日食べたいとは思わない。ところが、この田舎のおかずである「貝味噌」は食べ飽きないし、風邪で熱があるときでも食がすすむ。

まず、七輪に火をおこし、あるいはガスこんろで弱火にできるのを用意する。ぼつぼつ楽しんで食べるためで、中火でも焦げる。鍋は直径約二十五センチのホタテ貝の殻でできていて、とっ手がついたものだ。これは欠かせない。以前は伊勢の二見が浦や福井の東尋坊で売っていた。今持っているのも東尋坊で買ったものだが、最近では見当たらないのが残念だ。

具としてナスを縦半分にして小口に切り、予め別に煮ておく。それに刻みネギと八丁味噌と煮干しを用意する。それに卵一～二個と小エビのかき揚げ。

貝鍋に水を入れて、ゆでたナスと味噌と煮干しを加える。ナスと味噌がなじんで煮立ったころに卵を割り入れる。貝鍋の外側の端のほうから卵が白くなって煮えていく。ネギを散らし、卵が煮えた分ずつ味噌と一緒にふーふー言って食べる。八分くらい煮えた卵とナスと味噌が実によく合う。貝鍋の端で味噌を焼くことになるから香ばしく、平たいから箸でつまみやすい。だから貝鍋が必須で、他の鍋ではこうはいかない。ナスを食べてしまったところで、好みで、かき揚げを小さく切って入れる。てんぷらもまた味噌に合う。こう書いているうちに食べたくなった。

田舎ではこれを「煮味噌」と言っていたが、響きが悪いので「貝味噌」と私が名づけたが、まだ誰からも認知されていない。味覚に少し難があると私が密かに思っている妻は、うまいと言っても取り合わない。賛同者はさしづめ、ずっと年上の姉と息子だが、姉は年老いたし、息子はそのうち焼き肉のほうがいいとアホなことを言い出しかねない。私が孤塁を守ることになりそうだ。

子供が八人もいるのに、おふくろの料理の優れた味を承継できる者がいないのは、無形の文化がすたれるようで、まことに嘆かわしい。

七　「いじめで悩んでいる君へ」

最近、私が所属している弁護士会に、いじめが原因で自殺したと思われる少年の両親から相談があり、その遺書を読む機会がありました。どんな気持ちで丁寧な文字を書いたのか、と痛ましい思いがしました。

今いちばん必要なことは、学校からいじめをなくすことであり、そのためにどうしたらよいかを考え、実行することでしょう。それを承知のうえで、いじめで悩んでいる君に考えてほしいことがいくつかあります。

まず、いじめられていることを親に相談すべきでしょうか。

悲しませたくないからと、親に話さない子が多いようです。確かに、子どもがいじめられていることを知った親は「やり返せ」と言うか嘆くだけで、なんの役にも立たないかもしれません。しかし、黙って自殺されて大きなショックを受けるのは親です。子どもとの楽しかった時間を思い出だしては泣き、自殺するほど思い詰めていたことを打ち明けてくれなかったと嘆くのです。子供の力になることを喜ばない親はいないのだから、親を巻き込むべきです。

君が自殺しても、いじめた連中はあまりショックを受けません。反省や後悔をさせるために自殺するならムダなことです。

第二に、親や先生に相談してもいじめが解決しないとき、どうしたらよいでしょう。不登校を勧めます。安易な登校拒否は問題があるとしても、死にたいほど苦しいのなら、緊急避難として認められるのが当然です。国民の教育を受ける権利について定めた憲法二十六条は、最高裁判所の判決にもあるように、子どもに学習権があることを前提としています。しかし、いじめが横行する学校では学習に相応しい環境がないのだから、学習権が保障されていないことになります。そのような場合、不登校の権利も認められるのではないでしょうか。

学校に行かなくとも人として実力を養うときだと考え、小説を読み映画を観るなどして、みずみずしい感性を取り戻す絶好の機会としてください。主人公が友の身代わりになって断頭台に上るディケンズの『二都物語』、恋を選んで友を裏切る武者小路実篤の『友情』、同僚の裏切りに復讐し、恩人を助けるデュマの『モンテ・クリスト伯』、無私の愛に発奮するユーゴーの『レ・ミゼラブル』などは私が中学生のときに読んで心に残った本です。

長い人生のうちの五年や十年、人より回り道をしても焦ることはありません。自分らしい人生を送ることが自分にとっても親にとっても最も望ましいことであり、そのために力をつける期間なのです。心が癒されて、もう一度学校に行きたくなったら、中学卒業資格や大学受験資格の検定制度が利用できます。

第三は、自殺についてです。

私が読んだ遺書には「こんな人生は耐えられない」と書いてありました。しかし、平均寿命八十歳の時代に、十五年や二十年で自分の人生を見限るのは少し早計ではないでしょうか。そう言うと、いじめがどんなに辛いか知らないから、そんなのんきなことを言っておれるのだという反論がありそうです。

私が尊敬する哲学者の塩尻公明先生は「苦しみをいかに突き抜けるかという点において、人間としての成長が行なわれるのであって、人生の至高の生き甲斐に接近する道もそのいばらの道の中にこそ開かれるであろう」と述べ、経済学者の河合栄治郎先生は「理想主義者に不幸というものはありません。あらゆる事件がみな成長の糧となるのですから」と述べておられます。いずれも理想主義の立場から苦痛も人間としての成長に役立つことを示唆されています。

理想主義者は「全てか無か」の考えを取らず、なんとか努力して十パーセントでも二十パーセントでも達成されればよしとします。不登校なら、その間に実力をつけ、後で再挑戦もできます。しかし、自殺は「全てか無か」の考え方によるもので、逃避でしかありません。

人には、マイナスをもプラスに転化する力があります。そのことを信頼し、自分の人生に起こってくることにあまり悲観しないことです。

将来、実力をつけて、君の仕事によって誰か一人でも喜んでくれるなら、やはり人生は生きるに値するのではないでしょうか。

（朝日新聞の平成七年十二月十四日の朝刊の「論壇」に掲載されたものである）

八　「情」が反乱する前に

今では小学から中学まで、ずっと学習塾に行くのが普通になったらしい。子どもは学校ではもちろん家でも塾でも勉強せよと言われ続けることになる。これではたまらない。

私などは仕事で忙しい日が続くと、むしょうに映画を見たり、旅行や音楽会に行きたくなる。これは、自分の知・情・意の「情の反乱」のきざしだと思って、はやばやと反乱軍に投降することにしている。こうしてストレスを解消して精神のバランスを保つ。疲れて帰ったときはテレビのドラマを見る。いいドラマを見た日は充足した気分になって、翌日はまた仕事に意欲がわく。

子どもでも同じだろう。私の子供の頃には、遊びを次々考え出して、暗くなるまで遊んだ。ストレスと言えば、テストと運動会の徒競走の前ぐらいで、学校は楽しい遊び場だった。

小学生の雑誌には、漫画のほかに小説もたくさん載っていた。今でも覚えているのはこんな話である。

――私と隣家の少年は小鳥を飼っていて、自在に操れるのが互いの自慢だった。評判を聞いた殿様が二人を競わせる。私は熱心に訓練した甲斐あって、隣の少年に勝った。ほうびをもらって得意だったが、小鳥も召し上げられた。翌日、隣の少年が小鳥を呼んで、一緒に散歩に行く声がした。私ははじめて大切な友を失くしたことに気づいた――

人生の機微ともいうべきものを子どもが知るのは悪くないと思って、息子が小学生になったときに私が読んでいたと同じ名の雑誌を買った。頁をめくって驚いた。少しの漫画と残りはすべて学習記事で埋まっていた。学校と家と塾と、そのうえ雑誌まで学習学習では、子どもはどこで情緒を満足させるのか。子どもの中の「情の反乱」があって当然だろう。

親が子どもを傷つけ、時には殺してしまう「児童虐待」も情の満足を得てこなかった親たちの錯乱かもしれない。

地下鉄で時折、スーツとネクタイ姿で漫画雑誌に読みふけっている青年を見かける。

彼らも子ども時代に漫画をたんのうできなかった口だろう。遅ればせながら情の解放を計っているのなら、多少のちぐはぐはさておき、たくさん（できれば小説を）読んで大いに笑い泣いたらいい。情が自分と社会に大反乱を起こさない前に。

九　単身赴任がなかったら

女心も男心も揺れる。

女は転勤先まで男を慕って来た。男は心を動かされて結婚する。丸顔で笑顔の可愛い妻はパーマもかけず、ひたすら夫に尽くした。会社の同僚が連日のように自宅に来ても、かいがいしく接待した。夫が転勤になるとき、会社の同僚達は感謝の意を込めて、特別に妻のための送別会を開いたほどである。

夫は妻をいとおしいと思い、妻は「夫がいないと生きていけない」と言い、会社の上司に会うごとに「早く（実家にいた妻のところに）帰してください」と頼んだ。この頃が、親子四人になっていたこの家族の幸せの絶頂だった。

東京への単身赴任の当初、妻は月に数回は上京して身のまわりの世話をしたが、しだいに足が遠のき、やがて行かなくなった。

妻の不審な行動が耳に入ってくる。衣服や化粧や装身具も派手になり、深夜に電話しても出ないことが多くなった。

ついに夫は妻の不貞行為の証拠をつかんだ。ショックを隠して妻を追究しても、強く否定するばかりである。証拠を突きつけると、観念して泣いた。妻は友人がやっているバーに手伝いに行っていて、妻子あるその男に出会ったという。渡辺淳一著『失楽園』が騒がれる以前のことである。


私は夫の代理人として、相手の男に慰謝料を請求することと、離婚の後始末を依頼された。夫は妻に慰謝料までは求めなかったが、逆に妻は財産分与を請求した。夫はいきり立った。「分与すべき財産などない。むしろ、男と遊んだ金を返してもらいたいくらいだ」。借金を返すと計算上もない。調停で調停委員は「少し出してやったら」と言ったが、不貞をした妻にどうして夫が援助をしなければならないのか、ときっぱり拒否した。

裁判所の外で夫は私に、多少は妻に金を出してもいいと言ったが、すぐにやはりだめだと取り消した。彼は部長になっていたが、慢性病を抱えている。それで気弱になったのだろうと聞き流してしまった。夫の気持ちの揺れをとらえて説得すべきだったたと今は後悔している。妻に少しでも譲歩させていたら、いつの日か夫婦の和解ができたかもしれないからだ。

依頼の目的は達したが、夫の表情はさえない。「単身赴任さえなければ、こんなことにならなかった」とぽつりと言った。

そうかもしれないし、そうでないかもしれない。

一〇　親の思い

ほぼ時を同じくして、二つの強制わいせつ事件の弁護を依頼された。被告人はいずれも妻のある三十歳少し過ぎの男である。

一方の男の父親は息子と一緒に土木の下請工事をしており、「息子が実刑になると手が足りなくなるので困る」と言いながら、家族の中心になって弁護活動に協力した。外での仕事が多いせいか、父親は赤銅色で筋骨隆々の体格だった。判決の言い渡しの当日、酒臭い息をして裁判所に現れた。心配で酒を飲まずには来られなかったのだろう。

結果は執行猶予付きだった。最寄りの駅まで送ってもらう途中、赤信号で停車したとき、彼はハンドルに覆い被さるようにして大きな安堵のため息をついた。

もう一人の男の母親は「息子がこんな犯罪をするのは、幼いときに離婚して田舎に残したことが原因だと思います」と言い、弁護費用の全てを自分で負担した。夫と共に従業員数人の会社を経営しており、話ぶりも落ち着いて私の指示にも的確に対応した。

結果はやはり執行猶予付きで、私には予想どおりの判決だった。法廷から出ると、母親は私に深々とお辞儀をして礼を言った。顔を上げると、頬に一筋の涙が流れていた。冷静な女性も母親であったと、思わず目頭が熱くなって、すぐには言葉が出なかった。

男たちは私や裁判官に、親や妻に心配をかけて申し訳ないと思っていると述べた。だが、判決前日に眠られない夜を過ごした親たちの気持ちがどこまで分かっただろう。

一一　ほめる

小学校の運動会では必ず徒競争があった。直前の緊張感は今でも思い出す。スタートの順番が徐々に近づいてくると、寒くもないのに身体が小刻みに震え、何度もトイレに行った。小学生のときはクラスで足が早いほうだったので、もっぱら一着になれるかどうかが緊張の原因だった。三着まで賞が出た。

走り終えた結果は誰の目にもはっきりする。だから、足の遅い子の親はおもしろくない。みんな一所懸命に頑張ったのだから、平等に賞を与えるべきだと言い張る。

小学校の教育で重要なことは、子供に自信をつけさせることだ、と思う。自信をつけさせるには、良いところを見つけてほめればよい。

泣き虫で、引っ込み思案の私を、小学四年の担任の先生はクラス会議の議長にした。しかたなく、学芸会の役と思って振る舞ううちに面白くなってきた。不思議なもので、多少の自信がつくと成績も上がっていく。授業参観で見学に来た前年の担任が「見違えた」と驚いていた。私は今も四年のときの先生に感謝している。

徒競争だけでなく、図工、作文、学業成績なども同様に優秀な生徒に賞を与えて表彰すればよい。皆勤賞も精勤賞というのもあった。みんなにそれぞれの賞を与えて自信をつけさせる。

小学生のとき、徒競走も早くもなく、授業で先生に指名されても黙々と立っているだけの友がいた。それでも学校に通って、毎年学年末に皆勤賞か精勤賞をもらっていた。授業が終わると急に元気になった。マツタケを見つけるのや魚釣りがうまいので、一緒によく遊んだ。彼は今、はつらつと漁師をしている。

一二　判官びいき

三十年続いたプロ野球の某チームの応援をやめた。

ペナントレースの終盤、チームはジャイアンツと優勝を争っていた。もう負けられない試合で、アウトの判定に監督は血相変えて審判員につめよった。判定は覆らない。セーフと思っている選手の士気にも関わるから判定に抗議するのはよい。

しかし、それからがいただけない。チームが負けて、選手ら一同が球場を引き上げるとき、たまたま審判団とすれちがった。監督はアウトの判定をした審判員の足を蹴った。当然のことながら、審判団は怒って連盟に申し立て、件《くだん》の監督は制裁金を払わせられた。新聞によると、監督は「われわれには生活がかかっている」と言い訳したという。

弁護士が裁判で負けて、腹いせに法廷外で裁判官の足を蹴る。裁判官は怒り心頭で刑事告訴する。軽くて略式起訴による罰金刑で、そのうえ、弁護士会で懲戒処分される。「依頼者と弁護士の生活がかかっている」など、なんの言い訳にもならない。

だから野球選手も「ルールは守るべきだ」と声を大にしたいのではない。「今度は誰が見てもセーフになるようなプレーをしよう」という発想をしないのが嘆かわしいのだ。腹いせに蹴るという品のなさが情けない。こういう品のない監督が率いるチームは今年は優勝すべきでないと思ったところ、そのとおりになった。

翌年、選手も監督のまねをして、アメリカから来た審判員に食ってかかった。「やってられない」とその審判員はペナントレース途中で帰国してしまった。これも日本野球の国際的評判を落とすことに貢献しただろう。

もっとも、どこかのチームを応援しなければ、野球を観ても面白くもなんともない。ひいきのチームが勝つから興奮するし、負けるとガッカリしてまた応援する。

そこで、毎年最下位を争っている阪神タイガースを応援することにした。判官びいきというわけではなく、吉田義男監督がまた就任することになったからだ。

聞こえてくる吉田監督の人柄が好ましい。彼は単身フランスに渡って数年、子供たちに野球を教えた。また、監督時代のあるとき、ジャイアンツ戦にノックアウトされたピッチャーを同じ対戦でもう一度投げさせて奮起させた。成功する確率が高いかどうかで選手起用をするのが普通だとすると、失敗した選手にチャンスを与えるのは冒険である。しかし、失敗した者に挽回する機会を与える——こういう指導者が好きだ。吉田氏は現役時代に名ショートとして牛若丸の異名をとった。してみると、やはり判官びいきなのかもしれない。

さて、今年（一九九八年）の阪神タイガースはどうなるか。

（この年、阪神タイガースはまたも最下位で、吉田監督は解任されてしまった。残念）

一三　牡丹の咲く頃

「友人には物質（金）と世間体とを離れた何かを持っている人を選ぶべきだ」。二十歳頃に聞いた先生の言葉である。そういう人となら心が通い合う喜びが持てる。感動する心を持った人もこの中に入るだろう。「会うまでの時間たっぷり浴びたくて各駅停車で新宿に行く」（俵万智）。この感覚が素敵だ。逆に、金のために信義や正義を捨てる人とは夢を共に語れない。この友人選びの看板をずっと掲げてきた。

職場に、端正な顔立ちにつややかな髪の女性がいた。よく気がつき、にこやかに客に応対してそつがない。お茶の入れ方にさえ心遣いがあって感心した。理想的な女性に思えるのだが、話をしても物質と世間体を離れた何かが見えてこない。そのちぐはぐな感じに戸惑っている間に彼女は退職した。

ある朝、地下鉄で座って本を読んでいると、前に女性が立った。見上げると、もうすぐ母親になりそうな腹をしている。化粧しない素顔に眼鏡をかけて、まだ初々しさが残る。すぐに立ち上がって席を譲ろうとすると、「いいえ、すぐ降りますから」といって辞退した。しかたなく私はもう一度座って本を読み続けた。

何回目かに地下鉄が停まったとき、先ほどの女性が「どうもありがとうございました」と礼を言って降りた。実際には席を譲っていないのに、礼を言われた戸惑いもあって、顔を上げずに会釈をした。

その日の朝、狭い庭の牡丹がふんわりと咲き始めたのをじっと見た。淡いピンクで、花弁の中心に向かって色が濃くなって、品のよい艶やかさだ。いつも通る雑木林では透きとおる新緑の葉を見上げながら、小鳥のさえずりに耳をすました。爽快で豊かな気分で地下鉄に乗ったので、素直に席を譲ろうとしたのだった。

しばらくすると、地下鉄での彼女の礼の言葉が心地よく響いてきた。心遣いに素直に感謝できることのほうが、したほうよりも一段と上質に思える。席を譲る人は多いが、心から感謝する人は少ない。おなかのわが子への彼女のやさしさや幸せな心の状態を彷彿とさせた。

そのとき、選別して友をいつくしむのは愚かなことだと思った。その人の、そのときの親切に素直に感謝すればよい。友人選びの看板を下ろすときが来たようだ。

一四　あきらめる

誰でも、あきらめなければならない時がある。時には恋であり、進学であり、二者択一を迫られるときの一方であったりする。

「あきらめる」で思い出すのは、ドイツの哲学者フィヒテの話である。第一次大戦敗戦後に「ドイツ国民に告ぐ」を書いて人々を奮起させた彼は、若い頃、勉強のじゃまになるからと愛読の文学書を泣きながら河に流したという。

感銘を受けた文学書は手放しがたい。学生時代の私も、悩んだあげくに勉強のほうを捨てた。その報いは今に及んでいる。

当然かもしれないが、裁判をやろうとするのはあきらめがたい人々である。物（金）への執着、人への未練、正義感が動機となる。おかげで、弁護士という職業が成り立っているとも言える。

二十六歳の女性が貸した金を取り返したいと相談に来た。顔色がさえない。深く付き合った男から、将来一緒に不動産業をしようと持ちかけられた。「その前に、現在ある借金を返しておきたいから金を貸してほしい」。男に頼られて、看護婦として働いて蓄えた金を用立てた。何回かに分けて貸した金の合計は五百万円を超える。

ところが、男は事業を始めるどころか、全く仕事もしない。注意すると、口げんかになり、ついには「もともと、好きでもないのに付き合ってやった。お前はストーカーか」という始末。そんなことを言われてまでと、彼女は男と別れた。

別れてみると、男が別れ際に言った侮辱がこたえる。精神のバランスを崩した。うつ病と診断され、回復するのに二ヵ月かかった。いつの間にか自殺しようとして薬を持ち出したものの、ハッと気がついたことが二度もあると言う。

「こんなことになったのは、私がやさしすぎたのだと思います。もうこれからは、人にやさしくしません」

そんなことはない。やさしい女の人のほうが素敵に決まっていると言ったが、彼女はうなずかない。

ガンの告知を受けた人は、最初は治ることに希望を持ち、なぜ自分がと怒る。やがてあきらめ、最後に死を受容するという（柳田邦男著『「死の医学」への序章』）。死を受容するとどうなるのか。ある医師はガンが進行して車椅子に乗らざるを得なくなっても、求めに応じて若い医師や看護婦に死に直面した患者の気持ちを講演してまわる。ある患者は、田舎の母校に十万円の月給から毎月二万円ずつを図書代にと匿名で送り続けたという。誰かのために何かをすることが最も心安らぐことらしいのだ。

二時間ほど事情を話し終えて訴訟を決断した後で、彼女はこう言ってニッコリした。

「私、看護婦の仕事が好きなんです」

彼女が患者のために尽くせば、精神のバランスを回復するのはそう遠くないかもしれない。

一五　恥をかく

朝日新聞の日曜版に、曽野綾子さんの随想が連載されたことがある。内容はあらかた忘れたが、恥について文章のあらすじだけを覚えている。

――母親たちは娘が世に出たときに恥をかかないように、お茶やお華を習わせるという。だが、お茶やお華を習ったからといって、恥をかかないということがあろうか。生きるということは恥を積み重ねることなのだから――

お茶を習っている若い女性にこの話をしたら、キッとして、こう言った。

「いいえ、お茶を習うことはいいことです」

「いや、そういうことでなくて……」

振る舞いが優雅なのは、お茶をやっているからだろう。お茶を習うことの効用は認める。だが、茶道を究《きわ》めても、恥をかかずに生きることはできない、と言っているのだと解説したが、納得しなかった。

この随想を読んだ当時、私は、仕事で思い出しても顔が赤くなる恥をかいていた。だから、「そうだそうだ」と賛成した。恥をかくことが避けられないなら、その度にくよくよしてはおられない。

日本人は恥を知ってよく身を処してきた、と言う人がいる。こういう考えに曽野さんは異論を唱えたのだろう。「旅の恥はかき捨て」と言われるように、恥は旅の空の下では無力らしい。恥をかかないようにとは、自分を知っている世間に対してだけに向けられているとしか思えない。人がどう思うかを生きる基準とするなら、その人とは誰なのか、頼りなさははなはだしい。

恥をかいたらどうするかについて、随想には何も書いてない。恥を積み重ねることが生きることなのだから、どうするかは各人の生き方に委ねられることになる。

私が作る訴状には、注意しているつもりだが、どこかに誤字脱字、計算まちがいがある。裁判所の書記官から連絡がくると、いつも事務員に訂正印を持って走ってもらう。自分では、恥をかいてもくよくよしないのが取り柄と思っているが、反省が足りないと事務員のひんしゅくを買っている。

一六　二十年後の訃報

小学校に入る前年の夏は、毎日のように一つ年上の従姉と遊んだ。たいていは海水浴だ。砂浜のある海岸への道は、夏草の匂いがたちこめ、キリギリスが休みなく鳴いていた。坂を下ると砂浜が広がり、その先に岩場の松が紺碧の海に枝を伸ばす。青空には真っ白な積乱雲が浮かんでいた。海水浴といっても、浅瀬でバチャバチャするだけだが、楽しかった。

帰りは水着のまま彼女に手を引かれて歩いた。途中で、畑のみかんの木にアシナガバチの巣を見つけた。兄達をまねて、手ごろな棒でハチの巣を突つき落とし、急いで逃げて地面に伏せる。ハチに刺されないためだ。一緒に逃げたのに、彼女は数歩先にすばやく伏せた。怒った蜂はのろまなほうを襲い、私は頭の強い痛みで泣き出した。

翌朝、目が覚めても辺りがよく見えない。何度も目頭をこすっても変わらない。顔全体が腫れて、まぶたが少ししか開かないのだ。

楽しみにしていた夏祭りが始まり、遠くから太鼓の音が聞こえてきた。村の若い衆が叩く太鼓は勇壮だ。笛とカンカラ小太鼓のリズムに合わせて、直径一メートル以上ある大太鼓をスリコギ程の太さのバチ二本で力を込めて叩くのである。音は村中に響いた。よそ行きの服を着て見に行けたはずなのに、寝ているしかないのが情けなかった。

従姉は伯母と一緒に見舞いに来てくれた。大人がいたせいか、恥ずかしげに伯母の後ろに隠れるようにしていた。

小学生になると、女子と遊ぶと冷やかされる。もう二度と従姉と遊ぶことはなかった。華やかさも徒競争で先頭を走ることもなく、彼女は学校では目立たない。運動場で時折り顔が合うとはにかんだ笑顔をした。下校の途中で家をのぞくと、いつも黙々と家業の手伝いをしていた。

中学卒業後、兄を頼って横浜に出た。その翌年に私も進学のために故郷を離れて、彼女のうわさも聞かなくなった。

二十年経ったある日、彼女の訃報がふいに届いた。

街の交差点の青信号で、いち早く飛び出したために交通事故に遭ったという。急がねばならない理由があったのだろうか。まだ二十六歳の若さだった。

一七　戦争未亡人

四郎は遊びたい盛りの小学校四年生だ。だが、学校から帰るとすぐに用事を言いつけられる。足で踏む米つき、ワラジ作りのためのワラ叩き、きなこや米粉の石臼ひき。子供にもできる用事は限りなくあった。

四郎は学校から帰ると、見つからないようにそっと鞄をおいて友達の家に遊びに行った。ところが、親もさるもので、ときどきは捕まり、いやもおうもなく、こき使われた。

同級生である島夫は父親が戦死し、そのうえ名古屋で戦災を受け、母親の実家である村に疎開したまま居ついていた。島夫とはとくに気が合った。将棋を差したり、生木を円錐状に削った「しっぺゴマ」をムチで叩いて遊んだ。

戦争未亡人となった島夫の母親幸枝は、四郎から見ると相当の年配に見えたが、まだ三十代半ばである。物静かな色白の人で、いつも身ぎれいにしていた。どことなく垢抜けており、村の女たちと一緒にいると、ひとり際立った。名古屋での会社員の夫と子供二人の幸せな都会暮らしが戦争で一変したのである。

　正月は楽しい。用事を言いつけられることもなく、おおっぴらに遊べる。いつものように島夫の家に行って遊び、飽きると居間のひなたで雑誌を読んだ。その雑誌には「イノック・アーデン」の子供向けの抄訳が載っていた。遭難した漁師のイノック・アーデンが何年ぶりに帰ってみると、恋敵と結婚した恋人に子供までいることが分かり、人知れず去っていく物語である。子供心にも寂しい気分が残った。

　そのとき、どこかの新年会でいい機嫌になった男たちが、やや卑猥な歌をわざと大きな声で歌いながら家に入ってきた。幸枝は不愉快な素振りも見せず、酔っぱらいの相手をした。四郎も島夫も無視して本を読み続けた。この態度が大人たちの気になったらしい。子供は外で遊ぶものだと家から追い出された。

　ある秋の夜、四郎は昼間の将棋で負けたのが悔しくて、再挑戦するために島夫の家に行った。部屋の中央の飯台の前に見知らぬ男がどてらを着て座っている。やや痩せた身体つきの色白な四十代の男は、何か冗談を言って幸枝を笑わせていた。彼女はお茶を入れたり、灰皿を用意しながら、いつもより口数が多く華やいで見えた。島夫は

「おじさんにもらった」といって、紙ふうせんで妹と遊んでいる。近づくと、かすかに薬の臭いがした。

村から都会に出る戦争未亡人も何人かいた。中には、都会から行商で来た男に付いて出た人もいる。

数年経つと、幸枝も農作業で日焼けし、手もささくれだって、村の女たちと変わらなくなった。いっそう物静かで、無口になった。

一八　一行の手紙

父は村長と村教育委員長をした人で、私が小学生と中学生のときの卒業式などには来賓として挨拶をした。大きな声で堂々と話し、立派に見えた。

母は四六時中怒っていたという印象であるが、父は全く子供を叱らなかった。私も父に小言を言われた記憶がない。一度だけ、父が怒ったことがある。茶碗の割れる音がしたので、急いで居間から勝手に行ってみると、父は黙って座っていたが、母がなぜ自分に投げないのかと涙声で抗議しており、姉が泣いていた。原因は姉のことらしかった。

中学生のときに、よく父と二人で裏山に薪用の松の木を切りに行った。直径二十センチの木を数本切ってリヤカーで家に運び、斧で薪にするのである。山はしーんとして、こうして父といるのはそう長くないかもしれないと、寂しさに襲われたことを覚えている。

八人の子供たちが次々に都会に出てしまい、老父母が田舎に残った。

晩年の父は、兄が子連れで帰郷して再び戻るときになると必ず腹痛を起こしたと、後に兄から聞いた。ほとんど帰郷しなかった私は、その話に胸が痛んだ。

母は年中休みなしで農作業をした。そのために手の指の太さは今の私の倍はあった。母が遊び惚けていた私達兄弟をよく叱ったのは、農作業で疲れすぎていたからだろう。

若いときの激しい農作業のせいで、晩年になって腰が曲がり、ついには背骨が砕けて立てなくなった。長い入院生活の後に病院で亡くなった。見舞いに行くたびに、私が小学校三年のとき学芸会で踊った「お猿のかごや」を話した。一緒に踊った同級生は今どうしているかと聞く。そのときに着た赤いチャンチャンコは、母が夜なべして作ってくれた。

親不孝なことだが、見舞いも数年にわたると次第におっくうになる。そういうときは、病弱だった私に母がりんご汁や重湯を作ったり、徹夜で看病してくれたことを思い出して、自分の背を押した。

学生時代の下宿先に、たびだび父から手紙が来たが、荷物と一緒に母からの手紙が入っていたことがある。「いっしょうけんめい勉強しなさい」とだけ書いてあった。

私が母の書いた文字を見た最初で最後である。尋常小学校しか行ってない母は、何でも父に書かせていた。たった一行でも節くれだった手で懸命に書いてくれたかと思うと涙が出そうになった。このときの感激を持ち続けていればよかったが、不肖の息子はすぐに忘れてしまった。

子供たちのために文字どおり骨身を削った母や、やさしかった父に何も報いることができなかった。

一九　秋桜（コスモス）

秋になっても、義母は体調がすぐれないという。がんセンター病院で一度診てもらうように勧めた。ガンを疑ったのではなく、病院がたまたま家の近くにあったからである。

検査の結果は最悪で、医師から長くて数ヵ月の命と言われた。義母は元気に見えたし、孫とはしゃいでいたので、にわかには信じられなかった。

ひとりっ子の妻は医者の説明に泣き出し、はらした顔が元に戻るまでしばらく待った。病室では何ごともなかったように健気に振る舞った。

病状は急速に悪化していく。ガンに良いという薬があると聞いて三重県の松阪市まで行ったこともある。インチキ薬と疑われたが、妻の友人の勧めで買った。ガンに利くと週刊誌で騒がれていたワクチンを使うべきか医師に相談もした。

当時の私は、数年で合格すると始めた司法試験に、約束の期限が来ても受からないのであせっていた。妻は非難がましい言動は一切せずに働いてくれたので、頑張らねばと思うのだが、進むことも退くこともできない泥沼で、もがいている状態だった。

初冬になると、義母は昏睡状態になった。前年に亡くなった父のときには涙は全く出なかったのに、義母の臨終には涙が溢れて止まらなかった。父は八人の子供と多くの孫、親戚に囲まれて八〇年の生涯を終えた。田舎の親戚は「よかった。よかった」と口々に言った。寝込むことなく往ったのが幸せだという。ところが、義母は娘夫婦と孫一人だけに見送られて、幸薄い六〇年の人生を終えた。女婿である私は何の希望も与えられず、その不甲斐なさで涙が止められなかったのである。

葬儀が終わって間もなく、息子を幼稚園に迎えに行った。帰り道、私と手をつないで「コスモス咲く道、白い道…」と溺愛してくれた祖母の死がなかったように楽しげに歌った。道の両側に白色や淡いピンク色のコスモスが揺らいでいた。

コスモスの花を見るたびに、この年の秋を思い出す。

二〇　ある夫妻

東京で働いていたことがある。勤め先にはときどき、外国から訪問客があったので、私たち若手の職員が空港からホテルまでの送迎をさせられた。英会話はカタコトだし、家に帰ると十時を過ぎるので気がすすまなかった。

客の中には、ホテルが気に入らないと文句を言い、クーラーがきいてないからホテル側と交渉せよと要求するのもいた。こちらは空港に迎えに行くのもサービスなのにとムッとしたが、何とかなだめた。そういうのに限って、翌日、私が開襟シャツからスーツに着替えて会議の末席に連なると、態度をガラリと変えた。

あるとき、ユネスコ科学教育部長が来日した。小柄で、アメリカ人にしては話し方も物静かで、大げさな身振りなどしない。同伴した夫人は髪を無造作に後ろで結え、地味な服装をしていた。ホテルに案内するとていねいに礼を言った。

来日の目的は科学教育に関心のある科学者との会合である。科学教育は知識を教え込むのでなく、科学の考え方を体得させることにあるから、開発途上国援助の柱にしたい。ついては日本の学者の意見も聞きたいという。会議が終わるときになって、彼は気負わず「広島を訪問することは科学者の責任です」と言って飛行場に向かった。

原子爆弾の研究が二〇万の人を一度に殺すことに使われるとなると、危険な研究にかかわる科学者の社会的責任を考えざるをえない。そんなことに関心があったので、この部長の話に強く共感した。彼の言う責任（リスポンシビリティと言った）と私の考えるそれとは違うのかもしれないが、科学者の責任を語ったはじめての人に出会った。

離日する夫妻を見送りに行く車の中で、何とか私の感銘を伝えようとしたが、カタコト英語ではいかんともしがたかった。夫妻は静かに微笑んでいた。別れの握手には力を込めた。

バエズという姓なので、ベトナム反戦運動で歌っていたジョーン・バエズは娘かと聞くと、夫人はうなずいてにっこりした。

二一　学生時代の読書

大学に入学した頃の私は、不安と焦燥、そして劣等感にさいなまれていた。勉強が手につかず、『学生の生き方』などの人生論に関する本を手当たり次第に読んだ。しかし、納得できる見解にめぐり逢えず、かえって不安と焦燥はつのるばかりだった。

ある日、書店で塩尻公明先生の『生甲斐の追求』を見つけた。一言一句が胸にしみ、心が洗われる思いがして、机に向かって正座して読み続けた。勉強はそっちのけで、先生の本を次々に買い求め、繰り返し読んではノートに書き取った。

先生の本から受けた感銘を友達に伝えたかった。私がはじめて話しかけた友も、宮沢賢治の世界について熱心に話してくれ、心が通い合う気がした。

就職して数年後、卒業以来はじめて友と奈良の秋篠寺で会った。季節は秋で、拝観客も多い。そのときも私は先生の本から受けた感激の続きと将来への決意を語った。

すると、彼は「そうすれば」と冷やかに言った。しらけたその場を破るように、もう一人の友が軽い冗談を言ったが、結局、気まずいまま別れた。

さらに数年後、東京大岡山の食堂で学生二人と隣合わせた。一人が塩尻先生の本について熱心に話している。学生時代の自分の姿を見ているようで苦笑した。だが、彼の話し方では感動は伝わらないと思ったとき、秋篠寺での友のいらだつ気持ちを理解した。感銘は心に秘めておけばよいのだ。

心のバランスを崩しそうなときや決断に迷うときには、先生の本を読み直す。指針は得られるのだが、他方で学生時代から少しも進歩していないと自覚させられる。

二三　文集つくり

大学に入って二年目に、友人たちと文集『うみなり』を作った。それも学生には分不相応な活版印刷である。

小説を読むのは好きだが、自分が書くことなど思いもよらなかった。それでも文集作りに加わったのは、提案した友人たちとは人生や友情を語り合った仲間だったから、むげに断れなかったからだ。それに、自分が長いトンネルの先に出口を見つけた気分だったので、文章にしておこうと思いついたからでもある。

近くの店に広告を取りに行く者、安く活版印刷をしてくれるというので遠くの刑務所に頼みに行く者、と作業を分担した。

活版印刷されてカットが添えられると、自分の拙い文章も上等に見える。印刷の匂いの残る冊子を手に取って、皆が声をはずませた。

『うみなり』の感想会では、熱心に批評し合った。終わって外に出ると小寒く、空には星が輝いていた。気持ちが高ぶっていて、すぐに皆と別れ難かった。友人の下宿で、話の続きをしようと歩き出した。友人宅では文集の話をせずに、なぜかトランプをした。

『うみなり』の中で印象に残っているのは、親友たちには悪いが彼らの作品でなく、巻頭の教授の随筆と後輩の詩だった。

随筆は、学生時代に比叡山の宿坊で勉強したときを回想する。ある日、隣に母娘連れが泊まり、話しているうちに娘がすすり泣く。翌日、二人は早々に下山した。庭に咲いていた白萩に気になる娘を思う。

詩は、親しい人が亡くなった悲しみの日、雨に打たれて紫陽花が咲いていたと詠《うた》う。作品よりも、感受性豊かな女性が身近にいたことに驚いた。感想会で彼女の作品が話題になったからか、やや上気した丸顔に眼が輝いていた。

当然であるが、自分の作品は一番印象が強い。題はどこかで読んだ文章から引用したもので「くらげなすただよふ」。くらげとナスではなく、くらげ様の物が漂っていることで、当時の自分の頼りない状態にぴったりだった。悪評もあったが、親友たちは共感してくれた。おかげで、自分なりにモタモタと考えたことも意外に普遍性があるらしいと自信を持った。

この大学学部を卒業すると会社で技術者として働くことが通常で、私もそうするつもりだった。だが一方で、何になりたいか分からないが、それでいいのかとの思いを抑えかねてもいた。卒業して会社に就職するが、やがて転職する。化学反応のメカニズムよりも、正義とか挫折からの再起など人間に直接関わることに強くひかれてゆく。文集作りは、その気持の流れに竿差すことにもなった。

あとがき

功なり名を遂げた弁護士が書いた本はいくつも出版されていますが、並みの弁護士が何を考え、どういう仕事をしているかを書いた本はあまり見ません。そこで、これまでいろいろの機会に書いた文章をまとめてみました。法律事務所の同僚は、うなぎ屋の品書きにある「極上、上、並み」の「並み」弁護士だろうと言います。自分では平均的な弁護士と思っていましたが、そう指摘されると反論する材料がありません。

本文に書いたとおり、塩尻公明先生の人生論に頼っており、今も先生を遠くに仰ぎ見ています。

仕事では同じ法律事務所の弁護士や事務員をはじめ、他の弁護士など多くの人の世話になっています。

通して読んでみると、好みが偏っており、繰り返しが多いなど欠点もあらわです。

それでも何とか読める文章があるとすれば、竹本寛次先生の指導のお陰です。
このように、感謝しながら多くの人に倚りかかって生きています。

一九九九年十一月三日

藤井浩一

【著者プロフィール】
藤井　浩一（ふじい　こういち）

1939年1月　愛知県幡豆郡佐久島村生まれ。
会社員、公務員を経て、現在、弁護士。

（連絡先）
〒460－0002
名古屋市中区丸の内二丁目18番22号　三博ビル5階
名古屋第一法律事務所内
TEL ０５２－２１１－２２３６
FAX ０５２－２１１－２２３７

人権の周辺 ―それぞれの人生に―

2000年4月3日　　初版第1刷発行

著　者　藤井《ふじい》　浩一《こういち》
発行者　瓜谷　綱延
発行所　株式会社　文芸社
〒112-0004　東京都文京区後楽2-23-12
電話　03-3814-1177（代表）
03-3814-2455（営業）
振替　00190-8-728265
印刷所　株式会社 フクイン

ISBN 4-8355-0036-9 C0095